解けば絶対にスコアが上がる
厳選問題240問

TOEIC® TEST
英単語・熟語

TARGET 900

はじめに

　この本は、問題を解きながらTOEICに必須の単語を身につける1冊です。すべてPart 5の形式で、TOEICの問題を解く臨場感をもって、単語学習を進めることができます。

　問題数はぜんぶで240問用意されていますが、正解のほか、誤答も重要語で構成されていますので、240問×4選択肢＝960語の単語をマスターすることができます。

　また、本書に収録された単語は、『TOEIC TEST 英単語スピードマスター NEW EDITION』から選んでいるので、同書を復習するのにぴったりです。イディオムは『TOEIC TEST 英熟語スピードマスター』にも対応しています。

　もちろん、本書は単独で利用することができます。

　単語学習のコツの1つは、「印象をもたせて覚える」ことです。単語リストを見ているだけではなかなか頭に入ってきませんが、音声を聞き取ってみたり、自分で声に出してみたりすると、単語の印象がそれだけ強くなり、しっかり定着します。

　問題を解くことも同様の効果があります。文脈で単語の意味を考えるプロセスを体験できますし、仮に間違えればそれが単語を覚えるバネになります。結果的に、印象をもたせた学習ができるというわけです。

本書は、左ページに問題、右ページに解答・解説という見開きの構成をとっています。解答・解説のページには、選択肢のすべての単語をリストにして、発音記号・意味を表示しています。この部分をミニ単語集として利用することもできます。また、正解の語については、類義語や派生語、単語の豆知識、TOEICにおける傾向などを紹介しています。

　問題の音声、頻出単語リストの英単語と意味の音声はダウンロードして利用できるようになっています。詳細は10ページをごらんください。

　カバーにはTARGET 900とありますが、600点に満たない方から900点をめざす方まで幅広くお使いいただける内容になっています。「700点レベル」→「800点レベル」→「900点レベル」と3段階で構成されているので、やさしい問題から順次ステップアップできます。900点レベルには、かなり高度な単語も含まれていて、高得点を目指す方にもチャレンジングな内容になっています。

　TOEICのスコアは語彙力に比例して伸びると言っても過言ではありません。ぜひ本書を上手に活用して、TOEICのスコアアップをめざしてください。

著者

TOEIC TEST 英単語・熟語 TARGET 900

CONTENTS

はじめに ・・・ 2
単語力増強の3つのポイント ・・・・・・・・・・・・・・・・・ 6
本書の使い方 ・・・・・・・・・・・・・・・・・・・・・・・・・・・・・・・・・・・ 8
音声ダウンロードのしかた ・・・・・・・・・・・・・・・・・・・ 10

Chapter 1 700点レベル ・・・・・・・・ 11
動詞　Q1〜15 ・・・・・・・・・・・・・・・・・・・・・・・・・・・・ 12
形容詞・副詞　Q16〜30 ・・・・・・・・・・・・・・・・ 26
名詞　Q31〜45 ・・・・・・・・・・・・・・・・・・・・・・・・・・ 42
ビジネス語　Q46〜60 ・・・・・・・・・・・・・・・・・・ 56
生活語　Q61〜70 ・・・・・・・・・・・・・・・・・・・・・・ 72
イディオム　Q71〜80 ・・・・・・・・・・・・・・・・・・ 82

Chapter 2 800点レベル ・・・・・・・・ 93
動詞　Q1〜15 ・・・・・・・・・・・・・・・・・・・・・・・・・・・・ 94
形容詞・副詞　Q16〜30 ・・・・・・・・・・・・・・・ 108
名詞　Q31〜45 ・・・・・・・・・・・・・・・・・・・・・・・・・ 124
ビジネス語　Q46〜60 ・・・・・・・・・・・・・・・・・ 138
生活語　Q61〜70 ・・・・・・・・・・・・・・・・・・・・・ 154
イディオム　Q71〜80 ・・・・・・・・・・・・・・・・・ 164

Chapter 3　900点レベル・・・・・・175

　動詞　　Q1～15　・・・・・・・・・・・・・・・・176
　形容詞・副詞　Q16～30　・・・・・・・190
　名詞　　Q31～45　・・・・・・・・・・・・・・・206
　ビジネス語　Q46～60　・・・・・・・・・220
　生活語　Q61～70　・・・・・・・・・・・・・236
　イディオム　Q71～80　・・・・・・・・・246

巻末さくいん　・・・・・・・・・・・・・・・・・・・・・・・・257

コラム　TOEIC 英単語のヒント
　① Part 5 単語問題をすばやく解く・・・・・・・・・92
　②定型的な結びつきに注目する・・・・・・・・・174
　③ビジネス語・生活語はまとめて覚える・・・・256

[品詞の記号]　他 他動詞　　自 自動詞
　　　　　　　形 形容詞　　副 副詞　　名 名詞

単語力増強の3つのポイント

POINT 1 　TOEICに焦点を絞る

　TOEICのスコアアップをはかる単語学習のポイントは、TOEICによく出る単語や表現に焦点を絞って覚えることです。では、どんな単語・表現が出るのか。フォーカスすべきは次の3点です。

❶ TOEICの問題の素材はビジネスと社会生活です。ですから、これらの分野でよく使われる単語・表現を覚えることが基本です。特に、学校ではなじみの薄いビジネス表現に焦点を絞りましょう。

❷ 大学入試までに覚えた重要語は多くがそのままTOEICでも役に立ちます。ただ、TOEICではビジネスの文脈で使われるので、基本語でもビジネスにおける用法を押さえておくことが大切です。

	（一般）	（TOEIC/ビジネス）
balance	バランス；均衡	残高
ship	船	発送する
quote	引用；引用する	見積もり
literature	文学	パンフレット

❸ TOEICには難しい動詞句やイディオムはほとんど出ません。国際ビジネスでよく使う基本的な動詞句・イディオムから覚えていくのが効率的です。ことわざ、スラングは覚える必要はありません。頻出語句は次のようなものです。

according to	～によると	in terms of	～の観点で
take over	～を引き継ぐ	come up with	～を考えつく

POINT 2　解くことで確実に覚える

　単語を覚えるときには、何らかの印象や刺激があるとよりしっかり覚えられます。会話をする、メールを書くなど、実際に使ってみるのがベストですが、問題を解くこともこれらに近い効果があります。

　問題を解くときには、単語の意味を文脈で考えたり、選択肢に並んだ単語を取捨したりする思考プロセスを経由します。また、もし間違った場合には、悔しい、残念だという感情がバネになって学習効果を高めます。結果的に、印象・刺激をもった学習ができるわけです。

POINT 3　リピートする・音声を聞く

　英単語は1回の学習だけでは100％覚えることはできません。間違った問題は、時間をおいて2回、3回と解いてみましょう。

　また、本書は復習用にすべての選択肢の単語を収録した「頻出単語」リストを各問題の最後に収録しています。発音記号や意味、簡単な用例も紹介しています。このリストには何度も目を通して、知らない単語をなくしていきましょう。

　単語はただ眺めるだけではなく、自分でも発音したり、書いてみたりするとそれだけしっかりと定着できます。ビジネス英語の最終目標は、会話やメールなどで使うことです。この最終目標を意識して単語学習を進めるようにしましょう。

　「問題文」「頻出単語リストの英単語・日本語の意味」はダウンロード音声を利用できます。耳からの学習も加えると学習効果はさらに高くなります（☞ダウンロードのしかたは10ページを参照）。

本書の使い方

1 問題を解こう

左ページには問題が掲載されています。全部で240問で、700点・800点・900点の3つのレベルそれぞれ80問ずつです。TOEICのPart 5の問題形式です。

問題の選択肢の単語はすべて『TOEIC TEST英単語スピードマスター NEW EDITION』から選んだものです。また、イディオムについては、『TOEIC TEST英熟語スピードマスター』にも対応しています。

2 時間を意識しよう

試験を意識した問題演習をされたい方は「目標時間」を目安に解いてみましょう。

＊本書はPart 5形式ですが、単語を復習するための問題として作成されており、Part 5そのものではありません。

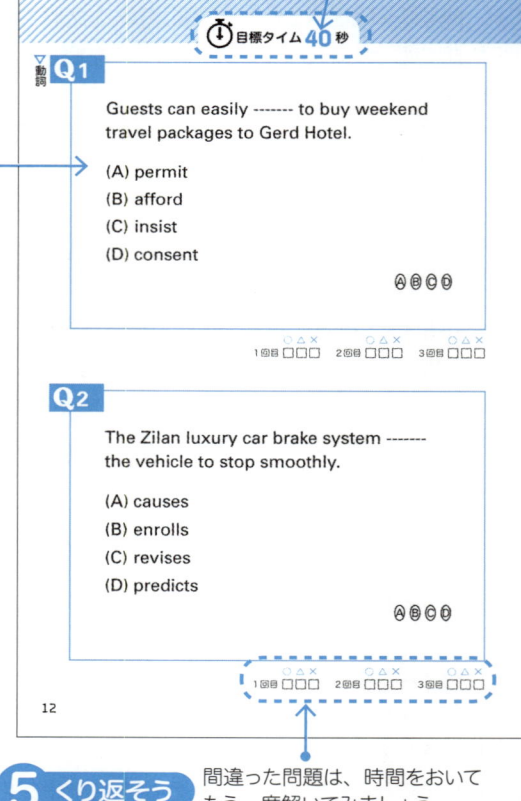

⏱ 目標タイム **40**秒

▽動詞
Q1

Guests can easily ------- to buy weekend travel packages to Gerd Hotel.

(A) permit
(B) afford
(C) insist
(D) consent

Ⓐ Ⓑ Ⓒ Ⓓ

1回目 □□□　2回目 □□□　3回目 □□□

Q2

The Zilan luxury car brake system ------- the vehicle to stop smoothly.

(A) causes
(B) enrolls
(C) revises
(D) predicts

Ⓐ Ⓑ Ⓒ Ⓓ

1回目 □□□　2回目 □□□　3回目 □□□

5 くり返そう

間違った問題は、時間をおいてもう一度解いてみましょう。

本書は、見開き2ページで2問ずつ完結していくレイアウトを採用しています。忙しい社会人や学生の皆さんが、スキマ時間を利用して効率的に学習できるように設計されています。

3 答え合わせをしよう

問題を解いたら、右ページの「解答プロセス」で問題の解き方と正解を確認しましょう。解き方が2つのSTEPでわかりやすく紹介されています。正解の単語については、ワンポイントの解説が加えられています。

700点レベル

Q1 解答プロセス

STEP 1 can ------- to do という形で使えるかどうかを考える。buy という動詞との結びつきもポイント。

STEP 2 afford は「〜する(金銭的な)余裕がある」という意味で、afford to do の形で使えるので (B) が正解となる。

> 形容詞の affordable(値段が手ごろな)も TOEIC 頻出。

訳 宿泊のお客様にはゲルド・ホテルへの週末旅行パッケージがお買い得です。

正解 (B)

頻出単語
- (A) **permit** [pərmít] 他 許可する;(事情が)許す
- (B) **afford** [əfɔ́:rd] 他 〜する余裕がある
- (C) **insist** [insíst] 自他 強く主張する;〜だと断言する
- (D) **consent** [kənsént] 自 同意する (to 〜)
  consent to a proposal(提案に同意する)

Q2 解答プロセス

STEP 1 「自動車のブレーキシステム(car brake system)が自動車(the vehicle)をスムーズに停車(stop smoothly)させる」という文意になると予測できる。空所には使役の意味をもつ動詞が入る。

STEP 2 cause は「〜させる」という意味で、〈cause O to do〉(O を do させる)の形で使える。(A) が正解。

> cause は名詞で「原因;理由;大義」の意味でよく使う。for a good cause(大義のために)

訳 高級車ジランのブレーキ機構は車をスムーズに停車させることができる。

正解 (A)

頻出単語
- (A) **cause** [kɔ́:z] 他 〜を引き起こす;〜させる
- (B) **enroll** [inróul] 自他 登録する (in 〜);入学する (at / in 〜)
- (C) **revise** [riváiz] 他 改訂する;改正する
- (D) **predict** [pridíkt] 他 予測する;予報する

4 頻出単語を覚えよう

頻出単語リストでは、すべての選択肢の単語の品詞(動詞は自動詞と他動詞の表示)・発音記号・意味を紹介しています。どれもがTOEIC に出る重要語です。覚えるまで何度も復習しておきましょう。

⬇音声ダウンロードのしかた

❶ 音声ダウンロード用のサイトにアクセス！

　Ｊリサーチ出版のホームページから『TOEIC TEST 英単語・熟語 TARGET 900』の表紙画像をクリックしていただくか、下記URL を直接入力してください。

http://febe.jp/jresearch

❷ 表示されたページから、FeBe への登録ページに進みます。

※音声ダウンロードには、オーディオブック配信サービス FeBe への会員登録（無料）が必要です。

❸ 登録後、シリアルコードの入力欄に「21917」を入力して「送信」をクリックします。

❹「音声を本棚に追加する」のボタンをタップします。

❺ スマートフォンの場合はアプリ「FeBe」の案内が出ますので、アプリからご利用ください。PC の場合は、「本棚」から音声ファイルをダウンロードしてご利用ください。

（ご注意！）
- ダウンロードには、オーディオブック配信サービス FeBe への会員登録（無料）が必要です。
- PC からでも、iPhone や Android のスマートフォンからでも音声を再生いただけます。
- 音声は何度でもダウンロード・再生いただくことができます。
- ダウンロードについてのお問い合わせ先：info@febe.jp
  　　　　　　　　　　　　　（受付時間：平日の 10 〜 20 時）

Chapter 1

700点レベル
基礎を固めよう

- 動詞 …………………… 12
- 形容詞・副詞 …………… 26
- 名詞 …………………… 42
- ビジネス語 …………… 56
- 生活語 ………………… 72
- イディオム …………… 82

Q1

Guests can easily ------- to buy weekend travel packages to Gerd Hotel.

(A) permit
(B) afford
(C) insist
(D) consent

Q2

The Zilan luxury car brake system ------- the vehicle to stop smoothly.

(A) causes
(B) enrolls
(C) revises
(D) predicts

700点レベル

Q1 解答プロセス

STEP 1 can ------- to do という形で使えるかどうかを考える。buy という動詞との結びつきもポイント。

STEP 2 afford は「〜する（金銭的な）余裕がある」という意味で、afford to do の形で使えるので (B) が正解となる。

> ! 形容詞の affordable（値段が手ごろな）も TOEIC 頻出。

訳 宿泊のお客様にはガード・ホテルへの週末旅行パッケージがお買い得です。

正解 (B)

頻出単語

- □ (A) **permit** [pərmít] 他 許可する；（事情が）許す
- □ (B) **afford** [əfɔ́:rd] 他 〜する余裕がある
- □ (C) **insist** [insíst] 他 自 強く主張する；〜だと断言する
- □ (D) **consent** [kənsént] 自 同意する（to 〜）
                               consent to a proposal（提案に同意する）

Q2 解答プロセス

STEP 1 「自動車のブレーキシステム（car brake system）が自動車（the vehicle）をスムーズに停車（stop smoothly）させる」という文意になると予測できる。空所には使役の意味をもつ動詞が入る。

STEP 2 cause は「〜させる」という意味で、〈cause O to do〉（O を do させる）の形で使える。(A) が正解。

> ! cause は名詞で「原因；理由；大義」の意味でよく使う。for a good cause（大義のために）

訳 高級車ジランのブレーキ機構は車をスムーズに停車させることができる。

正解 (A)

頻出単語

- □ (A) **cause** [kɔ́:z] 他 〜を引き起こす；〜させる
- □ (B) **enroll** [inróul] 自 登録する（in 〜）；入学する（at / in 〜）
- □ (C) **revise** [riváiz] 他 改訂する；改正する
- □ (D) **predict** [pridíkt] 他 予測する；予報する

Q3

Tanner Barkley ------- his application to graduate business school.

(A) resumed
(B) required
(C) searched
(D) submitted

Ⓐ Ⓑ Ⓒ Ⓓ

Q4

Outside auditors will ------- with the board on their findings.

(A) consult
(B) admire
(C) discuss
(D) provide

Ⓐ Ⓑ Ⓒ Ⓓ

700点レベル

Q3 解答プロセス

STEP 1 graduate business school は「大学院のビジネススクール」のこと。

STEP 2 そこに application（願書）をどうしたかを考える。(D) submitted（提出した）が選べる。

❗ submit には「従わせる；従う」という意味もある。submit to surgery（手術を受け入れる）。名詞形は submission（提出；提出物）。

訳 タナー・バークリーは大学院のビジネススクールに願書を提出した。

正解 (D)

頻出単語
- (A) **resume** [rizjúːm] 他 再開する；取り戻す 自 再び始まる
- (B) **require** [rikwáiər] 他 ～を必要とする
- (C) **search** [sə́ːrtʃ] 他自 調べる；探索する
- (D) **submit** [səbmít] 他 提出する；従わせる 自 従う（to ～）

Q4 解答プロセス

STEP 1 Outside auditors（外部の監査人たち）が their findings（彼らの発見）について、the board（取締役会）とどうするかを考える。

STEP 2 前置詞 with があるので自動詞として使えなければならない。consult with で「～と相談する」なので、(A) が正解。

❗ consult a doctor（医者に診てもらう）のように、他動詞としても使える。名詞形は consultation（相談；協議）。

訳 外部の監査人たちは彼らの発見について取締役会と協議するつもりだ。

正解 (A)

頻出単語
- (A) **consult** [kənsʌ́lt] 自 相談する（with ～） 他 診てもらう；調べる
- (B) **admire** [ædmáiər] 他 賞賛する；賛美する
- (C) **discuss** [diskʌ́s] 他 話し合う；討論する
  discuss the matter（その件を話し合う）
- (D) **provide** [prəváid] 他 提供する；規定する

Q5

Mandy Hoffman renewed her fitness club membership before it -------.

(A) adjusted
(B) prohibited
(C) expired
(D) realized

Q6

Balo Savings Bank will promptly ------- lost or stolen credit cards.

(A) achieve
(B) expand
(C) neglect
(D) replace

700点レベル

Q5 解答プロセス

STEP 1 renewed her fitness club membership は「フィットネスクラブの会員資格を更新した」。そのタイミングは、会員資格がどうする前（before）なのか。

STEP 2 (C) expire は「失効する」の意味で、これが文意にぴったりである。

> expire は「亡くなる」という意味で die の婉曲表現としても使える。名詞形は expiration（失効）で、expiration date で「（クレジットカードなどの）有効期限」。

訳 マンディ・ホフマンはフィットネスクラブの会員資格を、それが失効する前に更新した。

正解 (C)

頻出単語

- (A) **adjust** [ədʒʌ́st] 他 調整する 自 順応する（to ～）
- (B) **prohibit** [prouhíbit] 他 禁止する；妨げる
- (C) **expire** [ikspáiər] 自 有効期限が切れる；満期になる；（人が）亡くなる
- (D) **realize** [ríːəlàiz] 他 実現する；理解する

Q6 解答プロセス

STEP 1 銀行が、紛失したり、盗難されたクレジットカード（lost or stolen credit cards）をすぐに（promptly）どうするかを考える。

STEP 2 銀行のサービスであるという文意も考えれば (D) replace（交換する）が最適である。

> 「AをBに交換する」と言いたいときには〈replace A with B〉とする。名詞形の replacement（交換品；後任者）も TOEIC 必須！

訳 バロ・セイビングズ銀行は、紛失したり、盗難されたクレジットカードをすぐに交換します。

正解 (D)

頻出単語

- (A) **achieve** [ətʃíːv] 他 達成する；獲得する
- (B) **expand** [ikspǽnd] 他 拡大する；拡張する 自 拡大する；膨張する
- (C) **neglect** [niglékt] 他 放置する；無視する
  neglect a notice（通知を無視する）
- (D) **replace** [ripléis] 他 取り替える；引き継ぐ

動詞　形容詞・副詞　名詞　ビジネス語　生活語　イディオム

Q7

Charkin Textiles will ------- €97,000 to the Jisentown Library for a new computer system and general improvements.

(A) inquire
(B) donate
(C) increase
(D) file

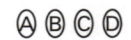

Q8

Bilo Plastics Co. ------- the hard work of its staff, so it pays them significantly more than competing firms.

(A) adopts
(B) assigns
(C) accepts
(D) appreciates

700点レベル

Q7 解答プロセス

STEP 1 9万7000ユーロを図書館(the Jisentown Library)にどうしたのかを考える。

STEP 2 for a new computer system and general improvements（新しいコンピュータ・システムと全体的な改修のために）もヒントにすると、(B) donate（寄付する）が最適。

> 名詞は donation で「寄付」、donator で「寄付をする人」。

訳 チャーキン繊維社はジーイセンタウン図書館の新しいコンピュータ・システムと全面的な改修のために9万7000ユーロを寄付する。

正解 (B)

頻出単語
- (A) **inquire** [inkwáiər] 自 問い合わせる (about 〜)；たずねる (of 〜)
- (B) **donate** [dóuneit] 他 寄付する
- (C) **increase** [inkríːs | ínk-] 他 増やす 自 増える
- (D) **file** [fáil] 自 申請する・申し込む (for 〜)

Q8 解答プロセス

STEP 1 目的語である the hard work of its staff（社員のハードワーク）との関係から考える。

STEP 2 「評価する」の意味を持つ (D) appreciates が最適である。

> appreciate は自動詞で使うと、「価値が上がる」の意味。名詞形は appreciation（評価；価値の上昇）。

訳 ビロ・プラスチックス社は社員のハードワークを評価し、社員に競合他社よりもずっと高額の報酬を支払う。

正解 (D)

頻出単語
- (A) **adopt** [ədápt] 他 採用する；養子にする
  adopt an approach（方針を採用する）
- (B) **assign** [əsáin] 他 割り当てる；(人を職務に) 任命する
- (C) **accept** [æksépt] 他 受け入れる；受諾する
- (D) **appreciate** [əpríːʃièit] 他 高く評価する；感謝する 自 価値が上がる

Q9

Farstid Logistics Co. ------- all business deliveries arrive on schedule.

(A) matters
(B) wonders
(C) concludes
(D) ensures

Q10

Bill Turner has ------- for a transfer to the Riyadh branch.

(A) applied
(B) notified
(C) owed
(D) proved

700点レベル

Q9 解答プロセス

STEP 1 空所の後は all business deliveries arrive on schedule(すべての業務上の配送が予定通りに到着する)と完全な文になっている。したがって、空所の次に that が省略されていると考えられる。

STEP 2 この文脈で that 節を導き、文脈に合う動詞は (D) の ensure(確実に〜する)である。

> ensure that 〜の形で覚えよう。make sure が類語。

訳 ファースティッド・ロジスティクス社は、業務上の配送がすべて予定通りに到着することを保証します。　　**正解 (D)**

頻出単語
- (A) **matter** [mǽtər] 自 重要である;影響がある
- (B) **wonder** [wʌ́ndər] 他 〜ではないかと思う;〜を不思議に思う
- (C) **conclude** [kənklúːd] 他 結論を出す;終える
- (D) **ensure** [inʃúər] 他 確実にする;保証する

Q10 解答プロセス

STEP 1 transfer は「転勤」の意味で、リヤド支社(the Riyadh branch)への転勤をどうしたのかを考える。

STEP 2 前置詞 for と結びつく動詞でなければならない。(A) の apply は apply for で「〜に申し込む」の意味があるので、これが正解。

> 名詞形の application(申し込み;志願)も必須単語。an application form(申請用紙)

訳 ビル・ターナーはリヤド支社への転勤に志願した。　　**正解 (A)**

頻出単語
- (A) **apply** [əplái] 自 申し込む(for 〜);適用される(to 〜) 他 適用する
- (B) **notify** [nóutəfài] 他 知らせる;告知する
  notify A of B(A に B について知らせる)
- (C) **owe** [óu] 他 借りがある;義務を負っている
  owe A B / owe B to A(A に B を借りている)
- (D) **prove** [prúːv] 自 〜であるとわかる 他 証明する

動詞 / 形容詞・副詞 / 名詞 / ビジネス語 / 生活語 / イディオム

Q11

Paisz Real Estate carefully ------- the value of its properties through careful onsite inspections and financial analyses.

(A) accuses
(B) assesses
(C) affects
(D) avoids

Q12

Elaine Seaver ------- $50 from her purse to make a purchase.

(A) disturbed
(B) charged
(C) withdrew
(D) declined

700点レベル

Q11 解答プロセス

STEP 1 目的語の the value of its properties（物件の価値）に注目。

STEP 2 選択肢では (B) assesses（評価する）にほぼ絞れるが、through careful onsite inspections and financial analyses（注意深い実地調査と財務分析を通して）からも、(B) 以外に適当なものはない。

> assess の類義語は evaluate、estimate など。名詞形の assessment（評価）は「アセスメント」とカタカナ語にもなっている。

訳 ペイズ不動産は、注意深い実地調査と財務分析を通して、物件の価値を慎重に評価する。

正解 (B)

頻出単語

- (A) **accuse** [əkjúːz] 他 告発する；非難する
  accuse A of B （B という理由で A を告発・非難する）
- (B) **assess** [əsés] 他 評価する；査定する
- (C) **affect** [əfékt] 他 影響を及ぼす；作用する
- (D) **avoid** [əvɔ́id] 他 避ける；差し控える

Q12 解答プロセス

STEP 1 make a purchase は「買い物をする」。買い物をするために財布（purse）から 50 ドルをどうしたかを考える。

STEP 2 (C) の withdraw には「引っ張り出す」の意味があるので、これが正解。「(銀行口座からお金を) 引き出す」の意味でもよく使う。

> withdraw a proposal（提案を撤回する）のように、「撤回する」という意味でもビジネスでよく使う。

訳 エレーヌ・シーヴァーは、買い物をするために財布から 50 ドルを取り出した。

正解 (C)

頻出単語

- (A) **disturb** [distə́ːrb] 他 邪魔をする；(心を) かき乱す
- (B) **charge** [tʃáːrdʒ] 他 非難する；請求する；充電する
- (C) **withdraw** [wiðdrɔ́ː] 他 引き出す；撤回する
- (D) **decline** [dikláin] 他 (丁重に) 断る；辞退する 自 下落する
  decline an offer（申し出を断る）

Q13

Axto Electronics ------- 5.8 percent of its original market share.

(A) borrowed
(B) recovered
(C) inspected
(D) possessed

Q14

Walter Stevens ------- his proposal to the planning committee by explaining earlier information in more detail.

(A) clarified
(B) preserved
(C) resolved
(D) estimated

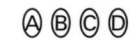

700点レベル

Q13 解答プロセス

STEP 1 original market share は「元々あった市場占有率」で、それが5.8%だった。

STEP 2 その市場占有率をどうしたのかを考えると、選択肢では(B) recovered（取り戻した；回復した）だけが文意に合う。

> recover には「（病気などから）回復する」の意味もあり、その場合には recover from と自動詞で使う。名詞形は recovery（奪還；回復）。

訳 アクスト・エレクトロニクスは、元の市場占有率である5.8パーセントを回復した。

正解 (B)

頻出単語

- □ (A) **borrow** [bárou] 他 借りる
- □ (B) **recover** [rikʌ́vər] 他 取り戻す 自 回復する（from ～）
- □ (C) **inspect** [inspékt] 他 詳しく調べる；視察する
- □ (D) **possess** [pəzés] 他 所有する；（妄想などが）とりつく

Q14 解答プロセス

STEP 1 by explaining earlier information in more detail（事前情報をさらに詳しく説明することによって）とあることから、空所には「説明する」に近い意味の動詞が入ると推測できる。

STEP 2 clarify は「明らかにする；具体的に説明する」の意味があるので、(A) が正解。

> clarify は相手に理解しやすいように「具体的に説明する」こと。類義語は make clear、illustrate など。

訳 ウォルター・スティーヴンズは、事前情報をさらに詳しく説明することによって、計画委員会に対して彼の企画を明らかにした。

正解 (A)

頻出単語

- □ (A) **clarify** [klǽrəfài] 他 明らかにする；具体的に説明する
- □ (B) **preserve** [prizə́:rv] 他 保存する；保護する
- □ (C) **resolve** [rizάlv] 他 解決する；決心する 自 分解する
- □ (D) **estimate** [éstəmèit] 他 見積もる 名 見積もり（書）

Q15

Debra Hoffman will ------- someone to manage the office while she is out of town.

(A) assure
(B) mention
(C) designate
(D) celebrate

Q16

The Pike Valley Weather Center provides ------- information by Web and radio.

(A) entire
(B) accurate
(C) favorite
(D) possible

700点レベル

Q15 解答プロセス

STEP 1 to 以下は manage the office while she is out of town で、「彼女が出張中にオフィスを管理する」の意味。

STEP 2 そのためにだれか（someone）をどうするかを考えれば、(C) designate（指名する）が最適。

> designate には「指定する」の意味もある。a designated area（指定場所）のように過去分詞もよく使う。

訳 デブラ・ホフマンは、出張中のオフィスの管理にだれかを指名するだろう。

正解 (C)

頻出単語

- (A) **assure** [əʃúər] 他 保証する；確約する　I assure you.（約束します）
- (B) **mention** [ménʃən] 他 〜について述べる；言及する
- (C) **designate** [dézignèit] 他 指名する；選定する
- (D) **celebrate** [séləbrèit] 他 祝う；（式典などを）挙行する
  celebrate an anniversary（記念日を祝う）

Q16 解答プロセス

STEP 1 「気象センター（Weather Center）が提供する情報」を修飾するのに適した形容詞を考える。

STEP 2 (B) accurate（正確な）が自然である。(A) entire は修飾する名詞の「範囲全体の」の意味で使い、定冠詞の the をつける必要もあるので、ここでは使えない。the entire city（市全体）が例。

> accurate は「細部まで正確な」というニュアンス。an accurate description（正確な描写）。名詞形は accuracy（正確さ）。

訳 パイク・ヴァレー気象センターは、ウェブとラジオで正確な情報を提供している。

正解 (B)

頻出単語

- (A) **entire** [intáiər] 形 全体の；まったくの
- (B) **accurate** [ækjurət] 形 正確な；精密な
- (C) **favorite** [féivərit] 形 お気に入りの　名 お気に入りのもの
- (D) **possible** [pásəbl] 形 可能性がある；考え得る

Q17

The Industry Ministry will release ------- output figures on Monday.

(A) secure
(B) opposite
(C) apparent
(D) domestic

Q18

Hilizt Restaurant guests must wear ------- formal clothing.

(A) critical
(B) steady
(C) likely
(D) appropriate

700点レベル

Q17 解答プロセス

STEP 1 output（生産）との相性を考えるのがポイントだが、The Industry Ministry（産業省）という政府機関が発表する数字であることもヒントになる。

STEP 2 (D) domestic には「国内の」の意味があり、domestic output で「国内の生産高」になる。

domestic には他に「家庭の」の意味が重要。domestic chores（家事）

訳 産業省は月曜日に、国内の生産高の数字を発表する。

正解 (D)

頻出単語
- (A) **secure** [sikjúər] 形 安全な；確実な 他 安全にする；確保する
- (B) **opposite** [ápəzit] 形 副 反対の位置・方向の（に）；向こう側の（に）
- (C) **apparent** [əpéərənt | əpǽ-] 形 明かな；外見上の
- (D) **domestic** [dəméstik] 形 家庭の；国内の

Q18 解答プロセス

STEP 1 レストランの客が着なければならない（must wear）のは、どんな正装（formal clothing）か。

STEP 2 選択肢では (D) appropriate（適切な）しか文意に合うものはない。

反意語は inappropriate、類義語は suitable、proper など。appropriate は「私物化する；充当する」の意味で動詞としても使う。

訳 ヒリズ・レストランの食事客は適切な正装をしなければならない。

正解 (D)

頻出単語
- (A) **critical** [krítikəl] 形 重要な；批評の；危険な
  in critical condition（重篤な状態で）
- (B) **steady** [stédi] 形 安定した；一定の
- (C) **likely** [láikli] 形 ありそうな；起こりそうな
- (D) **appropriate** [əpróupriət] 形 ふさわしい；適当な

Q19

Payments on Gaix Cement Co. invoices are ------- upon receipt.

(A) due
(B) exact
(C) urgent
(D) remarkable

Q20

Hantry Discount Outlets prices are -------, with most items under €50.

(A) generous
(B) reasonable
(C) sufficient
(D) luxurious

700点レベル

Q19 解答プロセス

STEP 1 upon receipt は「受領したとき」の意味。請求書（invoices）を受領したときに、その支払い（Payments）はどうなるのかを考える。

STEP 2 (A) due は「支払期限が来る」の意味があるので、これが正解。

> due date（支払期日；納期）は TOEIC 頻出表現。〈be due to do〉で「～の予定である」の意味で使える。due diligence（資産評価）は経済ニュースでよく使う。「デューディリジェンス」とカタカナ語化している。

訳 ゲクス・セメント社の請求書の支払いは受領し次第、行ってください。

正解 (A)

頻出単語

- (A) **due** [djú:] 形 支払い期限が来る；到着予定で
- (B) **exact** [igzǽkt] 形 正確な；的確な
- (C) **urgent** [ə́:rdʒənt] 形 緊急の；切迫した
  urgent measures（緊急措置）
- (D) **remarkable** [rimá:rkəbl] 形 顕著な；際だった

Q20 解答プロセス

STEP 1 with most items under €50 から「ほとんどの商品が50ユーロ以下」である。

STEP 2 したがって、prices（価格）は (B) reasonable（お手頃の）であるはず。(A) generous は「気前のいい→多額の」の意味で使う。

> reasonable はもともと「理に適った」の意味。a reasonable explanation（理に適った説明）のように使える。

訳 ハントリー・ディスカウントショップの価格はお手頃で、ほとんどの商品が50ユーロ以下だ。

正解 (B)

頻出単語

- (A) **generous** [dʒénərəs] 形 気前のいい；寛大な
  generous bonuses（気前のいいボーナス）
- (B) **reasonable** [rí:zənəbl] 形 合理的な；値段が手頃な
- (C) **sufficient** [səfíʃənt] 形 十分な；足りる
- (D) **luxurious** [lʌgʒúəriəs] 形 ぜいたくな；高級な

Q21

Yuki Ando is ------- a tough negotiator, although she seems easygoing.

(A) actually
(B) hardly
(C) extremely
(D) immediately

Q22

Frager Engineering is one of the most ------- firms in its industry.

(A) imminent
(B) available
(C) individual
(D) competitive

700点レベル

Q21 解答プロセス

STEP 1 although に続く従属節は「彼女はのんびりしているように見える」。主節は is ------- a tough negotiator から「手強い交渉者だ」。

STEP 2 主節と従属節は対照的な関係なので、その対照を強調するために (A) actually（本当のところ）を入れる。

> actually は会話で、話題を変えたり、意外なことを言うときに文頭でよく使う。Actually, I have just joined the company.（実は私は入社したばかりなんです）

訳 ユキ・アンドーはのんびりしているように見えるが、本当のところ手強い交渉者だ。

正解 (A)

頻出単語

- (A) **actually** [ǽktʃuəli] 副 本当のところ；現実に
- (B) **hardly** [hɑ́ːrdli] 副 ほとんど〜ない；かろうじて
- (C) **extremely** [ikstríːmli] 副 きわめて；極端に
- (D) **immediately** [imíːdiətli] 副 ただちに；直接

Q22 解答プロセス

STEP 1 one of the most ------- firms in its industry は「その業界の中で最も〜な会社の1つ」。

STEP 2 会社を修飾する形容詞として適当なものは (D) competitive（競争力のある）である。

> competitive edge（競争力）は TOEIC 必須表現。名詞形は competition で「競争」、competitor で「競争相手」。

訳 フレイガー・エンジニアリングは、業界で最も競争力のある会社の1つだ。

正解 (D)

頻出単語

- (A) **imminent** [ímənənt] 形 差し迫った；切迫した
- (B) **available** [əvéiləbl] 形 利用できる；(時間が) 空いている
- (C) **individual** [ìndəvídʒuəl] 形 個人の；個別の
- (D) **competitive** [kəmpétətiv] 形 競争の；他に負けない

Q23

Liyre Pharmaceuticals is testing several ------- medicines that may effectively treat serious illnesses.

(A) typical
(B) mature
(C) potential
(D) current

Q24

Ross Parton is a ------- manager, making decisions after careful thought.

(A) lazy
(B) deliberate
(C) decent
(D) affluent

700点レベル

Q23 解答プロセス

STEP 1 被修飾語の medicines（薬）との相性を考える。またその薬は may effectively treat serious illnesses（重い病気を効果的に治すかもしれない）ものである。

STEP 2 (C) potential（可能性のある）を選べば、medicines とも結びつくし、may 以下ともうまくつながる。

> potential は名詞でも「可能性；潜在性」の意味で使える。potential for economic growth（経済成長の可能性）

訳 ライヤー製薬は、重い病気を効果的に治すかもしれない新薬候補のいくつかをテストしている。

正解 (C)

頻出単語

- (A) **typical** [típikəl] 形 典型的な；〜に特有の
- (B) **mature** [mətjúər] 形 成熟した；大人っぽい；(保険などが) 満期の
- (C) **potential** [pəténʃəl] 形 可能性のある；見込みのある
  名 可能性；潜在性
- (D) **current** [kə́:rənt] 形 現在の；最新の

Q24 解答プロセス

STEP 1 空所は manager（マネジャー）を修飾するが、どんなマネジャーかのヒントはカンマ以降にある。

STEP 2 making decisions after careful thought（注意深く考えて決定を下す）ということなので、(B) deliberate（慎重な）が最適である。

> deliberate には「故意の」という意味もある。deliberate provocation（故意の挑発）。動詞として使えば「熟考する」。

訳 ロス・パートンは慎重なマネジャーで、注意深く考えてから決定を下す。

正解 (B)

頻出単語

- (A) **lazy** [léizi] 形 怠惰な；のんびりとした
- (B) **deliberate** [dilíbərət] 形 故意の；慎重な
- (C) **decent** [dí:sənt] 形 礼儀をわきまえた；満足のいく
  decent language（品のいい言葉）
- (D) **affluent** [ǽfluənt] 形 裕福な　an affluent community（裕福な地域）

Q25

Zanel Technologies and Fuiukol IT had a ------- interest in the success of their joint venture.

(A) mutual
(B) proper
(C) specific
(D) conservative

Ⓐ Ⓑ Ⓒ Ⓓ

Q26

XCi Movie Studios released *Adventure Trackers*, ------- in North America and Europe.

(A) rarely
(B) slightly
(C) absolutely
(D) simultaneously

Ⓐ Ⓑ Ⓒ Ⓓ

700点レベル

Q25 解答プロセス

STEP 1 interest（利害）との相性がポイントだが、その利害は合弁事業の成功（the success of their joint venture）に関わる。

STEP 2 どちらの会社にも共通のものなので、(A) mutual（共通の）が最適である。この意味での類義語は common。

> mutual は他に「相互の」という意味もあり、mutual understanding（相互理解）のように使える。

訳 ザネル・テクノロジーズとフイウコル IT は、合弁事業の成功に共通の利害をもっていた。

正解 (A)

頻出単語

- (A) **mutual** [mjúːtʃuəl] 形 相互の；共通の
- (B) **proper** [prápər] 形 ぴったり合う；ふさわしい
- (C) **specific** [spisífik] 形 特定の；具体的な
  Can you be more specific?（もっと具体的に話してください）
- (D) **conservative** [kənsə́ːrvətiv] 形 保守的な；控えめな

Q26 解答プロセス

STEP 1 映画を封切りしたという文脈で、空所の後は North America と Europe の2カ所の地域が並列されている。

STEP 2 (D) simultaneously（同時に）を入れると、「北米とヨーロッパで同時に封切りした」となり、意味が通る。

> simul- は「同時の」という意味の接頭辞。形容詞は simultaneous（同時の）。simultaneous interpretation（同時通訳）

訳 XCi 映画スタジオは、『アドベンチャー・トラッカーズ』を北米とヨーロッパで同時に封切りした。

正解 (D)

頻出単語

- (A) **rarely** [réərli] 副 めったに〜ない
- (B) **slightly** [sláitli] 副 わずかに；かすかに
- (C) **absolutely** [ǽbsəlúːtli] 副 完全に；まったく
- (D) **simultaneously** [sàiməltéiniəsli] 副 同時に

Q27

Over 500 artists and performers are scheduled to participate in the ------- Summer Entertainment Festival.

(A) upcoming
(B) qualified
(C) flexible
(D) delighted

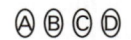

Q28

------- 300,000 people ride the City Subway daily.

(A) Completely
(B) Eventually
(C) Unfortunately
(D) Approximately

700点レベル

Q27 解答プロセス

STEP 1 are scheduled to participate（参加する予定だ）とあるので、Summer Entertainment Festival はこれから起こることである。

STEP 2 (A) upcoming（来るべき）を入れれば文意が通る。(D) delighted は「（人が）うれしい」の意味で、被修飾語は人でないとおかしい。

> upcoming はこれからの会議やイベントを予告するときによく使う。類義語は forthcoming。

訳 500人以上のアーチストとパフォーマーが、来るべき夏季エンタテインメント・フェスティバルに参加する予定だ。

正解 (A)

頻出単語

- (A) **upcoming** [ápkàmiŋ] 形 近く起こる；来るべき
- (B) **qualified** [kwáləfàid] 形 資格・免許がある；適任の
  a qualified candidate（資格のある候補者）
- (C) **flexible** [fléksəbl] 形 柔軟な；弾力的な
- (D) **delighted** [diláitid] 形 非常に喜んでいる

Q28 解答プロセス

STEP 1 空所は文頭にあるので、文修飾の副詞が入る可能性があるが、(B) Eventually（結果的に）や (C) Unfortunately（残念ながら）では文意が通らない。そこで、空所の副詞は 300,000 という数字を修飾すると考えられる。

STEP 2 数字を修飾できるのは、(D) Approximately（およそ）である。

> 数字の前の空所で選ばせる問題がよく出る。roughly や about が類義語。

訳 およそ30万人の人々が毎日、市営地下鉄を利用する。

正解 (D)

頻出単語

- (A) **completely** [kəmplí:tli] 副 完全に；完ぺきに
- (B) **eventually** [ivéntʃuəli] 副 最後には；結局は
- (C) **unfortunately** [ʌnfɔ́:rtʃənətli] 副 残念ながら；あいにく
- (D) **approximately** [əpráksəmətli] 副 おおよそ；約〜

Q29

CEO Paula Hyde compared ------- investment plans based on their relative levels of risk and potential payout.

(A) vacant
(B) reluctant
(C) alternative
(D) indifferent

Ⓐ Ⓑ Ⓒ Ⓓ

Q30

Marcus Toles is a ------- manager who always meets his deadlines.

(A) similar
(B) reliable
(C) successive
(D) equivalent

Ⓐ Ⓑ Ⓒ Ⓓ

700点レベル

Q29 解答プロセス

STEP 1 compared ------- investment plans（〜の投資計画を比較検討した）の文脈で考える。

STEP 2 (C) alternative（代わりの；別の）を入れると、「代わりの投資計画を比較検討した」となり文意が通る。alternative 以外は investment plans をうまく修飾できない。

> alternative は名詞としても「代わりのもの」の意味で使える。an alternative to oil resources（石油資源の代替物）

訳 ポーラ・ハイド CEO は、リスクと可能性のある配当のそれぞれの水準に基づいて、代わりの投資計画を比較検討した。　　**正解 (C)**

頻出単語

- ☐ (A) **vacant** [véikənt]　形 空いている；欠員の
- ☐ (B) **reluctant** [rilʌ́ktənt]　形 〜を嫌がる；乗り気でない
- ☐ (C) **alternative** [ɔːltə́ːrnətiv]　形 代わりの；代替的な　名 代わりのもの
- ☐ (D) **indifferent** [indífərənt]　形 無関心な；冷淡な

Q30 解答プロセス

STEP 1 関係代名詞の who 以下は always meets his deadlines（いつも納期を守る）。

STEP 2 それがどんなマネジャーかを考えれば、(B) reliable（頼りになる）が適切である。なお、(C) successive は「連続的な」の意味で、不適。

> 類義語の dependable も重要。動詞は rely (on)（〜を頼る）、名詞は reliance（依存；信頼）。

訳 マーカス・トールズは、いつも納期を守る頼りになるマネジャーだ。　　**正解 (B)**

頻出単語

- ☐ (A) **similar** [símələr]　形 同様の；類似の　similar to（〜と同様の）
- ☐ (B) **reliable** [riláiəbl]　形 信頼できる；頼もしい
- ☐ (C) **successive** [səksésiv]　形 連続する；歴代の
  four successive wins（4連勝）
- ☐ (D) **equivalent** [ikwívələnt]　形 同等の；等量の
  equivalent to（〜と同等の）

Q31

As manager of LilChicken Restaurant, Karen Dubcek hands out daily ------- to her staff as they arrive to work.

(A) professions
(B) means
(C) residents
(D) assignments

Q32

Bast Tool Co. employee ------- include discounts on company products and 15 paid vacation days per year.

(A) benefits
(B) delights
(C) subjects
(D) missions

700点レベル

Q31 解答プロセス

STEP 1 マネジャーとしてスタッフに割り振る（hands out ～ to her staff）ものが何かを考える。

STEP 2 daily から「毎日の」ものでもある。(D) assignments は「（個別の）仕事・業務」の意味なので、これが正解。

⚠️ 動詞 assign は「割り当てる」の意味で、assignment は「割り当てられた仕事」である。

訳 カレン・デュブセクはリルチキン・レストランのマネジャーとして、彼女のスタッフが出社すると、彼らに一日の仕事を割り振る。

正解 (D)

頻出単語

- (A) **profession** [prəféʃən] 名 職業；専門職
- (B) **means** [míːnz] 名 手段；方法
  by means of（～という手段で；～によって）
- (C) **resident** [rézədənt] 名 住民；居留民
- (D) **assignment** [əsáinmənt] 名 仕事；課題；宿題

Q32 解答プロセス

STEP 1 employee ------- が「会社の製品の割引購入と1年に15日間の有給休暇を含む」という文脈。

STEP 2 自社製品のディスカウントや有給休暇は benefits（特典）と考えられるので、(A) が正解。fringe benefits とも言う。

⚠️ benefit は動詞としても使い、benefit from で「～から利益を得る」。

訳 バースト・ツール社の社員の特典には、会社の製品の割引購入と1年に15日間の有給休暇などがある。

正解 (A)

頻出単語

- (A) **benefit** [bénəfit] 名 特典；利益；給付
- (B) **delight** [diláit] 名 大喜び；歓喜
- (C) **subject** [sʌ́bdʒikt] 名 主題；テーマ；（学校の）科目
- (D) **mission** [míʃən] 名 任務；使命
  mission statements（社是；ミッションステートメント）

Q33

Gaxt Telecom service ------- handle customer issues by phone, online chat and e-mail.

(A) features
(B) proposals
(C) operations
(D) representatives

Q34

Fasco Food Outlet builds shopper ------- through its store card discount program.

(A) loyalty
(B) habit
(C) purpose
(D) influence

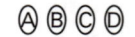

700点レベル

Q33 解答プロセス

STEP 1 空所の後は handle customer issues by phone, online chat and e-mail（電話、オンラインチャット、またはメールで顧客の問題に対応する）。こうした行為をする主語を考える。

STEP 2 (D) representatives（担当者）を入れて service representatives（サービス担当者）とすれば文意が通じる。

> sales representative なら「営業担当者」である。「代表者」の意味もあり、形容詞で使えば「〜を代表する；代表的な」。

訳 ギャクスト・テレコムのサービス担当者は、電話、オンラインチャット、およびメールで顧客の問題に対応する。

正解 (D)

頻出単語

- (A) **feature** [fíːtʃər] 图 特徴；容貌；(雑誌などの) 特集
- (B) **proposal** [prəpóuzəl] 图 提案；企画案；(結婚の) プロポーズ
- (C) **operation** [ὰpəréiʃən] 图 経営；操業；手術；軍事作戦
- (D) **representative** [rèprizéntətiv] 图 担当者；代表者

Q34 解答プロセス

STEP 1 Fasco Food Outlet という小売店が、買い物客（shopper）の何をつくるのかを考える。

STEP 2 through its store card discount program（店舗カードのディスカウント・プログラムを通して）がヒントになる。(A) loyalty は「忠誠」の意味で、shopper loyalty で「顧客の支持・愛顧」を表せる。

> loyalty card（お客様カード；ポイントカード）、brand loyalty（ブランドへの忠誠）も覚えておこう。

訳 ファスコ・フード・アウトレットは、店舗カードのディスカウント・プログラムを通して買い物客の支持を確立する。

正解 (A)

頻出単語

- (A) **loyalty** [lɔ́iəlti] 图 (人や信条への) 忠誠；支持
- (B) **habit** [hǽbit] 图 習慣；癖
- (C) **purpose** [pə́ːrpəs] 图 目的；用途；趣旨
- (D) **influence** [ínfluəns] 图 影響；影響を与えるもの 他 影響を与える

Q35

The International Corporate Law Conference is an ------- for professionals to exchange ideas.

(A) outlook
(B) expansion
(C) opportunity
(D) effect

Q36

Zukoff Tire takes careful ------- to ensure its products are high-quality.

(A) measures
(B) choices
(C) positions
(D) resources

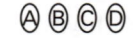

700点レベル

Q35 解答プロセス

STEP 1 The International Corporate Law Conference という会議が、専門家が意見を交換するため（for professionals to exchange ideas）の何かを考える。

STEP 2 (C) opportunity は「機会」の意味なので、これがぴったり。

> career opportunities で「就職の機会」。類義語は chance や occasion。

訳 国際会社法会議は、専門家たちが意見を交換するいい機会である。

正解 (C)

頻出単語

- (A) **outlook** [áutlùk] 名 見通し；展望　economic outlook（経済展望）
- (B) **expansion** [ikspǽnʃən] 名 拡張；拡大　an expansion plan（拡大計画）
- (C) **opportunity** [àpərtjúːnəti] 名 機会；好機
- (D) **effect** [ifékt] 名 影響；効果

Q36 解答プロセス

STEP 1 ensure の後には that が省略されていて「製品が高品質であることを期す」という意味。そのために何をするか。take の目的語にもなれなければならない。

STEP 2 (A) measures は「方策；手段」の意味で、take measures で「方策をとる」になるので、これが正解。

> measure は他に「程度」「基準」「法案」「（楽譜の）小節」など、さまざまな意味をもつ多義語である。

訳 ズコフ・タイヤは、製品が高品質であることを期すために慎重な方策をとっている。

正解 (A)

頻出単語

- (A) **measure** [méʒər] 名 手段；対策；基準　他 測る
- (B) **choice** [tʃɔ́is] 名 選択肢；選択
- (C) **position** [pəzíʃən] 名 職業；地位；位置
- (D) **resource** [ríːsɔːrs] 名 資源；資産　human resources（人材）

Q37

Harry Thomas manages several major ------- for his company, most of them clients in Eastern Europe.

(A) accounts
(B) responses
(C) anniversaries
(D) principles

Q38

Bill has had better career ------- since he obtained his computer programming certificate.

(A) duties
(B) prospects
(C) concerns
(D) tendencies

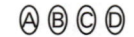

700点レベル

Q37 解答プロセス

STEP 1 major ------- for his company から、会社の主要な何なのか。カンマの後の most of them clients in Eastern Europe は分詞構文で them の次に being が省略されている。つまり、most of them = clients。

STEP 2 空所はこれと同格なので clients に意味の近い単語が入るはず。(A) accounts には「顧客」の意味があるので、これが正解。

> account は他に「（銀行などの）口座」「説明」などの意味でも使われる多義語である。

訳 ハリー・トーマスは会社の何人かの主要顧客を担当しているが、彼らのほとんどが東ヨーロッパの顧客である。

正解 (A)

頻出単語

- (A) **account** [əkáunt] 名 顧客；説明；口座
- (B) **response** [rispáns] 名 反応；（アンケートの）回答
- (C) **anniversary** [æ̀nəvə́ːrsəri] 名 記念日；記念祭
- (D) **principle** [prínsəpl] 名 原理；主義

Q38 解答プロセス

STEP 1 has had better career -------（よりよい仕事の〜をもてた）という文脈。since 以下の「コンピュータ・プログラミングの資格証明を得てから」もヒントになる。

STEP 2 (B) prospects（見通し）を入れれば「よりよい仕事の見通しをもてた」となり、文意が通る。

> 仕事の「見通し；将来性」という意味では通例、複数。形容詞形は prospective（見込みのある；起こりそうな）。

訳 ビルは、コンピュータ・プログラミングの資格証明を得てから、仕事の見通しがずっと明るくなった。

正解 (B)

頻出単語

- (A) **duty** [djúːti] 名 職務；義務；（通例、複数）関税
- (B) **prospect** [práspekt] 名 見通し；可能性
- (C) **concern** [kənsə́ːrn] 名 懸念；関心 他 関係する
- (D) **tendency** [téndənsi] 名 傾向；性向

Q39

Austlin Paper Co. board members had no ------- to the CEO's expansion proposal but wanted regular progress updates.

(A) procedures
(B) themes
(C) associates
(D) objections

Q40

Su-jeon Choi's extensive experience made her ideal for the ------- of COO.

(A) role
(B) motive
(C) situation
(D) trend

700点レベル

Q39 解答プロセス

STEP 1 CEO の拡大計画（expansion proposal）に何がなかったのか。逆説の接続詞 but で wanted regular progress updates（定期的な進行報告を求めた）と続いているので、no ------- で肯定的な意味になるはず。

STEP 2 (D) objections（反対）を選べば、「CEOの拡大計画に異論はなかった」となり、文意が通る。

> objective（目標）と区別すること。動詞は object to で「〜に反対する」の意味。

訳 オーストリン・ペーパー社の取締役会のメンバーは CEO の拡大計画に異論はなかったが、定期的な進行報告を求めた。

正解 (D)

頻出単語
- (A) **procedure** [prəsíːdʒər] 名 手続き；手順
- (B) **theme** [θíːm] 名 主題；話題
- (C) **associate** [əsóuʃièit] 名 同僚；共同経営者 形 副〜
- (D) **objection** [əbdʒékʃən] 名 反対意見；異議

Q40 解答プロセス

STEP 1 ideal for the ------- of COO は「COO（最高執行責任者）の〜にとって理想的である」。空所にはCOOと結びつけて使える名詞が入る。

STEP 2 (A) role（役割）を選べば、「COOの職務にとって理想的な」となり、文意が通る。

> play a role（役割を果たす）の play との結びつきが問われることがある。

訳 スージェオン・チョイは広範な経験を積んで、COO の職務に理想的な人材になった。

正解 (A)

頻出単語
- (A) **role** [róul] 名 役割；機能
- (B) **motive** [móutiv] 名 動機；理由
- (C) **situation** [sìtʃuéiʃən] 名 状況；事情
- (D) **trend** [trénd] 名 傾向；流行；トレンド

Q41

Kaihda Assets is waiting for market ------- to improve for investments.

(A) vocations
(B) proceedings
(C) circumstances
(D) institutions

Ⓐ Ⓑ Ⓒ Ⓓ

Q42

Bob Finley chose bonds as a relatively safe investment -------.

(A) fun
(B) option
(C) structure
(D) arrangement

Ⓐ Ⓑ Ⓒ Ⓓ

700点レベル

Q41 解答プロセス

STEP 1 market ------- から「市場」と結びつく名詞が入る。また、それは「投資に向くように改善する」ものでもある。

STEP 2 (C) circumstances（環境）を選べば、「市場の環境が投資に向くように改善する」となり、文意が通る。

> circumstance は「環境」「状況」の意味では、通例複数で使う。

訳 カイダ・アセッツは、市場の環境が投資に向くように改善するのを待っている。

正解 (C)

頻出単語

- (A) **vocation** [voukéiʃən] 名 職業；天職
- (B) **proceeding** [prəsí:diŋ] 名 手続き；手順；（複数で）議事録
- (C) **circumstance** [sə́:rkəmstæns] 名 状況；環境
- (D) **institution** [ìnstətjú:ʃən] 名 団体；（公共）機関；制度

Q42 解答プロセス

STEP 1 bonds は「債券」で、その債券を a relatively safe investment ------- （比較的安全な投資の～）として選んだという文脈。

STEP 2 (B) option（選択肢）を入れて、「比較的安全な投資の選択肢」とするのが自然。動詞の chose（選んだ）ともうまくつながる。

> choice や alternative が類義語。形容詞形は optional（自分で選べる；任意の）。

訳 ボブ・フィンレイは、比較的安全な投資の選択肢として債券を選んだ。

正解 (B)

頻出単語

- (A) **fun** [fʌ́n] 名 楽しみ；愉快
- (B) **option** [ɑ́pʃən] 名 選択肢；選択権
- (C) **structure** [strʌ́ktʃər] 名 構造（物）；機構
- (D) **arrangement** [əréindʒmənt] 名 手配；準備

Q43

Blikxs City Distribution Complex handles a large ------- of goods daily.

(A) amount
(B) attraction
(C) attempt
(D) advantage

Ⓐ Ⓑ Ⓒ Ⓓ

Q44

It was an ------- for Eve Grendal to win the CFO of the Year Award.

(A) honor
(B) impact
(C) endeavor
(D) organization

Ⓐ Ⓑ Ⓒ Ⓓ

700点レベル

Q43 解答プロセス

STEP 1 a large ------- of goods で考える。

STEP 2 goods は「品物」で、形容詞 large が空所を修飾していることを考えると、(A) amount（数量）を選んで、「非常に多くの品物」とする。

amount は数えられないものにも使える。a large amount of money（多額のお金）

訳 ブリクスス市の配送コンプレックスは、毎日非常に多くの品物を取り扱う。

正解 (A)

頻出単語

- (A) **amount** [əmáunt] 名 数量；総額
- (B) **attraction** [ətrǽkʃən] 名 魅力；（イベントなどの）呼び物
- (C) **attempt** [ətémpt] 名 試み；努力 他 試みる；努力する
- (D) **advantage** [ædvǽntidʒ] 名 利点；優位点
  take advantage of（〜を利用する）

Q44 解答プロセス

STEP 1 年度CFO賞を受賞する（win the CFO of the Year Award）のが、Eve Grendal にとってどんなことなのかを考える。

STEP 2 (A) honor を選んで「名誉なこと」とする。

It's an honor to do（〜することは光栄です）は会話でもよく使う。It's an honor to meet you.（お会いできて光栄です）。形容詞形は honorable（尊敬すべき；りっぱな）。

訳 イヴ・グレンデールにとって年度 CFO 賞を受賞するのは名誉なことだった。

正解 (A)

頻出単語

- (A) **honor** [ánər] 名 名誉；光栄　in honor of（〜に敬意を表して）
- (B) **impact** [ímpækt] 名 影響；衝撃
- (C) **endeavor** [indévər] 名 懸命な努力 自 懸命に努力する
- (D) **organization** [ɔ̀:rɡənizéiʃən] 名 組織；編成

Q45

------- to the Happy Dreams Amusement Park is €20 for adults.

(A) Reward
(B) Fortune
(C) Admission
(D) Voyage

Q46

The newest ------- of Vansais Aviation is the development of a wide-bodied aircraft capable of transoceanic flight.

(A) enterprise
(B) takeover
(C) damage
(D) return

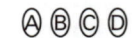

700点レベル

Q45 解答プロセス

STEP 1 ------- to の次が Happy Dreams Amusement Park という遊園地であり、€20 for adults（大人20ユーロ）と値段が続く。

STEP 2 「入場料」を意味する単語が入ると推測できるので、(C) Admission を選ぶ。

> admission には「入場；入会」「承認」などの意味もある。動詞 admit（認める）の名詞形である。

訳 ハッピー・ドリームズ遊園地の入場料は大人20ユーロです。

正解 (C)

頻出単語

- (A) **reward** [riwɔ́:rd]　名 報奨金；報酬　in reward for（〜の報奨として）
- (B) **fortune** [fɔ́:rtʃən]　名 富；運勢
- (C) **admission** [ædmíʃən]　名 入場料；入会；承認
- (D) **voyage** [vɔ́iidʒ]　名 航海；長旅

Q46 解答プロセス

STEP 1 空所は、the development of a wide-bodied aircraft capable of transoceanic flight（大洋横断飛行が可能な広胴の飛行機の開発）とイコールである。

STEP 2 飛行機の開発は会社の「事業」なので、(A) enterprise（事業）を選ぶ。

> enterprise は「会社」「進取の気性」の意味でも使える。a state enterprise（国営企業）、person of enterprise（企業心が旺盛な人）

訳 ヴァンセイス・エイヴィエーションの最新の事業は、大洋横断飛行が可能な広胴の飛行機を開発することである。

正解 (A)

頻出単語

- (A) **enterprise** [éntərpràiz]　名 事業；会社
- (B) **takeover** [téikòuvər]　名 買収；経営権取得
- (C) **damage** [dǽmidʒ]　名 損害；被害　他 損害を与える
- (D) **return** [ritə́:rn]　名 帰還；返却；（通例、複数）利益

Q47

Burtoiz Industries operates in the manufacturing -------, primarily producing chemical products in Africa and Southeast Asia.

(A) claim
(B) sector
(C) unit
(D) plant

Q48

Xainda Furniture Co. developed a low-cost production -------.

(A) profit
(B) tenant
(C) firm
(D) strategy

700点レベル

Q47 解答プロセス

STEP 1 operates in the manufacturing ------(製造業の〜で事業を行っている)という文脈。

STEP 2 manufacturing との結びつきも考えると、(B) sector(セクター；業界)が正解。(D) plant では会社が1工場で事業を行うという意味になり、後半のアフリカ、東南アジアで化学品を製造することと矛盾する。

> sector はビジネスでは「業界」の意味でよく使う。an agricultural sector(農業セクター)

訳 バートイズ・インダストリーズは製造業セクターで事業を行っており、主にアフリカと東南アジアで化学品を製造している。

正解 (B)

頻出単語
- (A) **claim** [kléim] 名 要請；要求 他 主張する；要求する
- (B) **sector** [séktər] 名 業界；部門
- (C) **unit** [júːnit] 名 単位；装置 a relief unit(救助チーム)
- (D) **plant** [plǽnt] 名 工場；植物

Q48 解答プロセス

STEP 1 production と組み合わせて意味のある名詞は何かを考える。また、動詞の developed(考案した)の目的語にもならなければならない。

STEP 2 (D) strategy(戦略)を入れれば「低コストの生産戦略を考案した」となり、文意が通る。

> ビジネスや軍事では、strategy は「全体的な戦略」を指し、tactics は「個別の戦術」を指す。

訳 ゼインダ家具社は低コストの生産戦略を考案した。

正解 (D)

頻出単語
- (A) **profit** [práfit] 名 利益
- (B) **tenant** [ténənt] 名 賃借人；テナント
- (C) **firm** [fɚːrm] 名 会社 形 強固な；引き締まった
- (D) **strategy** [strǽtədʒi] 名 戦略

Q49

Wanda Carter is a senior ------- at Esbo Pharmaceuticals, holding the title of Chief Marketing Officer.

(A) employer
(B) candidate
(C) executive
(D) president

Q50

After completing their orientation, Hollis Solar Power recruits went to ------- to get their employee IDs.

(A) Personnel
(B) Sales
(C) Advertising
(D) Logistics

700点レベル

Q49 解答プロセス

STEP 1 holding the title of Chief Marketing Officer（最高マーケティング責任者の肩書きをもつ）から、a senior ------- も会社の上級の役職でなければならない。

STEP 2 seniorと組み合わせて適切なのは (C) executive（経営幹部）である。(D) president（社長）は1人なので senior をつけて区別する意味がない。

> executive は形容詞としても使える。CEOは chief executive officer（最高経営責任者）の頭字である。

訳 ワンダ・カーターは、エズボ製薬の上級経営陣で、最高マーケティング責任者の肩書きをもつ。

正解 (C)

頻出単語

- (A) **employer** [implɔ́iər] 名 雇用主　employee（従業員）
- (B) **candidate** [kǽndidèit] 名 候補者；応募者
- (C) **executive** [igzékjutiv] 名 経営幹部　形 経営陣の
- (D) **president** [prézədənt] 名 社長　vice president（副社長）

Q50 解答プロセス

STEP 1 新入社員たち（recruits）が、社員証をもらうために（to get their employee IDs）行くところはどこか。

STEP 2 選択肢には部署名が並ぶが、(A) Personnel（人事部）が妥当である。

> 「人事部」は Human Resources (HR) とも言う。personnel は集合的に「社員」も表せる。

訳 オリエンテーションを終えた後、ホリス・ソーラーパワーの新入社員たちは社員証をもらうために人事部に行った。

正解 (A)

頻出単語

- (A) **personnel** [pə̀:rsənél] 名 人事（部）；人員
- (B) **sales** [séilz] 名 販売（部）；売上（高）
- (C) **advertising** [ǽdvərtàiziŋ] 名 広告（部）
- (D) **logistics** [loudʒístiks] 名 物流管理（部）；ロジスティクス

Q51

Alkoloy Biotech, Inc., has unique ------- in medical devices, since its staff is composed of elite scientists.

(A) departure
(B) expertise
(C) headset
(D) compromise

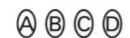

Q52

Zaliov Finance Co. ------- are usually graduates of elite schools.

(A) recruits
(B) vendors
(C) landlords
(D) passengers

700点レベル

Q51 解答プロセス

STEP 1 has unique ------- in medical devices（医療機器において独自の〜をもっている）という文脈。

STEP 2 since 以下の「そのスタッフが傑出した科学者で構成されているので」もヒントになる。選択肢では (B) expertise（専門知識）しか適切なものはない。

> expertise は聞き取りに注意。アクセントは後ろにある。expert（専門家）と一緒に覚えておこう。

訳 アルコロイ・バイオテク社は、そのスタッフが傑出した科学者で構成されているので、医療機器の独自の専門知識をもっている。

正解 (B)

頻出単語

- (A) **departure** [dipá:rtʃər] 名 出発
- (B) **expertise** [èkspərtí:z] 名 専門知識
- (C) **headset** [hédsèt] 名 ヘッドホン
- (D) **compromise** [kámprəmàiz] 名 妥協 自 妥協する

Q52 解答プロセス

STEP 1 空所には Zaliov Finance Co. という会社の何かが入り、それは graduates of elite schools（エリート校の卒業生）とイコールである。

STEP 2 ここから、(A) recruits（新入社員）が最適だとわかる。

> 「新入社員」は new recruit や new employee ともいう。recruit は動詞で使えば「新規に採用する」の意味。

訳 ザリオヴ・ファイナンス社の新入社員はたいがいが、エリート校の卒業生だ。

正解 (A)

頻出単語

- (A) **recruit** [rikrú:t] 名 新入社員 他 (人材を) 募集する
- (B) **vendor** [véndər] 名 納入業者；ベンダー；売り子
  a street vendor（露天商人）
- (C) **landlord** [lǽndlɔ̀:rd] 名 大家；地主
- (D) **passenger** [pǽsəndʒər] 名 乗客

Q53

Rafael Stinns received a 9.5 percent pay ------- last quarter.

(A) raise
(B) budget
(C) expense
(D) pension

Q54

------- at Feiro Textiles have increased only slowly since June.

(A) Earnings
(B) Colleagues
(C) Industries
(D) Statements

700点レベル

Q53 解答プロセス

STEP 1 選択肢にはお金に関連する単語が並んでいるが、pay（給与）と組み合わせて使えるものを選ぶ。

STEP 2 pay と結びついて意味をなすのは (A) raise（引き上げ）だけである。pay raise で「昇給」の意味。raise だけでも「昇給」で使える。

> 動詞で使うと「引き上げる」で、raise a flag で「旗を掲揚する」、raise a child で「子供を育てる」、raise money で「資金を調達する」になる。

訳 ラファエル・スティンズは前の四半期に、9.5%の昇給を獲得した。

正解 (A)

頻出単語

- (A) **raise** [réiz] 名 昇給；引き上げ 他 引き上げる
- (B) **budget** [bʌ́dʒit] 名 予算
- (C) **expense** [ikspéns] 名 費用；経費
- (D) **pension** [pénʃən] 名 年金　pension premium（年金保険料）

Q54 解答プロセス

STEP 1 空所に入る単語は have increased から、「上昇する」ものでなければならない。

STEP 2 選択肢で上昇するものは (A) Earnings（収益）だけである。

> earnings は「サービスや労働の対価として得る収入」を指し、複数で使う。

訳 フェイロ・テキスタイルズの収益は6月からゆっくりではあるが伸びている。

正解 (A)

頻出単語

- (A) **earning** [ə́ːrniŋ] 名 （通例、複数）利益；収益
- (B) **colleague** [káliːg] 名 同僚
- (C) **industry** [índəstri] 名 産業；工業
- (D) **statement** [stéitmənt] 名 （取引）明細書；声明
  a credit-card statement（クレジットカード取引明細書）

Q55

Terso Gift Shops, Inc., keeps item ------- to a minimum.

(A) vacancy
(B) transfer
(C) inventory
(D) evaluation

Ⓐ Ⓑ Ⓒ Ⓓ

Q56

Mike Jones checked his savings account ------- online.

(A) currency
(B) balance
(C) expenditure
(D) payroll

Ⓐ Ⓑ Ⓒ Ⓓ

700点レベル

Q55 解答プロセス

STEP 1 item は「製品」で、keeps item ------- to a minimum は「製品の～を最低限に維持する」の意味。

STEP 2 主語が Terso Gift Shops, Inc., というギフトショップの会社であることも考慮に入れて、(C) inventory（在庫）を選ぶ。

! inventory は、会計では日本語の「棚卸し資産」に対応する。

訳 ターソ・ギフトショップス社は製品在庫を最小限に維持している。

正解 (C)

頻出単語

- (A) **vacancy** [véikənsi] 名 空き；空室；(仕事の) 欠員
- (B) **transfer** 名 [trǽnsfər] 転勤；送金；(飛行機などの) 乗り換え
  他 [- -́] 転勤させる；送金する
- (C) **inventory** [ínvəntɔ̀:ri] 名 在庫
- (D) **evaluation** [ivæ̀ljuéiʃən] 名 評価　self-evaluation（自己評価）

Q56 解答プロセス

STEP 1 savings account は銀行の「普通預金口座」のこと。

STEP 2 普通預金口座と結びついて意味をなすのは、(B) balance（残高）である。

! outstanding balance で「未払い残高」。balance には他に「差額」、「均衡」の意味もある。

訳 マイク・ジョーンズは自分の普通預金口座の残高をネットで確認した。

正解 (B)

頻出単語

- (A) **currency** [kə́:rənsi] 名 通貨　foreign currency（外貨）
- (B) **balance** [bǽləns] 名 残高；差額；均衡
- (C) **expenditure** [ikspénditʃər] 名 経費；支出額
- (D) **payroll** [péiròul] 名 給与（支払総額）

Q57

Calvin Alvarez revised the ------- for the regional sales directors meeting before printing it out.

(A) agenda
(B) bidding
(C) reception
(D) edition

Q58

Laitonbeld Semiconductors is known for scientific ------- centered on finding uses for experimental materials.

(A) ecology
(B) furniture
(C) maintenance
(D) innovation

700点レベル

Q57 解答プロセス

STEP 1 空所は revised（訂正した）の目的語である。また、それは「地域販売役員会議（the regional sales directors meeting）」とも関係する。
STEP 2 before printing it out から、プリントアウトできなければならない。これら条件を満たすのは、(A) agenda（議題）である。

> agenda は「話し合う項目や行動計画のリスト」という意味。

訳 カルヴァン・アルヴァレズは、プリントアウトする前に、地域販売役員会議のための議題を訂正した。

正解 (A)

頻出単語

- (A) **agenda** [ədʒéndə] 名 （会議の）議題；予定表
- (B) **bidding** [bídiŋ] 名 競売；入札
- (C) **reception** [risépʃən] 名 （会社・ホテルなどの）受付；歓迎会
  a wedding reception（結婚披露宴）
- (D) **edition** [idíʃən] 名 （新聞・雑誌などの）版・号；（ある号の）1部
  a special edition（特別号）

Q58 解答プロセス

STEP 1 まず、修飾語の scientific（科学的な）との相性を考える。
STEP 2 また、空所の後の centered on finding uses for experimental materials（実験用素材の用途を探ることに特化した）や、この会社が Laitonbeld Semiconductors と半導体関連の会社であることもヒントになる。(D) innovation（革新；新機軸）が最適である。

> 形容詞の innovative（革新的な）も TOEIC の重要語。innovative designs（革新的な設計）

訳 ライトンベルド・セミコンダクターズは、実験用素材の用途を探ることに特化した科学的な新機軸で知られている。

正解 (D)

頻出単語

- (A) **ecology** [ikálədʒi] 名 生態学；エコロジー
- (B) **furniture** [fə́ːrnitʃər] 名 家具
- (C) **maintenance** [méintənəns] 名 管理；保守
- (D) **innovation** [inəvéiʃən] 名 革新；新機軸；イノベーション

Q59

Bakeli Rental Car Co. ------- are an important type of consumer feedback.

(A) surveys
(B) leaflets
(C) signatures
(D) majors

Q60

Ailoero Properties placed a $2.7 million ------- on the new building for sale.

(A) quote
(B) property
(C) handout
(D) interview

700点レベル

Q59 解答プロセス

STEP 1 consumer feedback は「消費者の意見聴取」という意味。
STEP 2 空所の単語が「消費者の意見聴取の重要な一形態である」という文脈である。(A) surveys（調査）が最適。

> carry out [conduct] a survey で「調査をする」。survey を動詞として「調査する」の意味でも使える。

訳 バケリ・レンタルカー社の調査は、消費者からのフィードバックの重要な一形態である。

正解 (A)

頻出単語

- (A) **survey** [sə́ːrvei] 名 調査；アンケート 他 [－ ́] 調査する
- (B) **leaflet** [líːflət] 名 小冊子；ビラ
- (C) **signature** [sígnətʃər] 名 署名；（単数で）特徴
- (D) **major** [méidʒər] 名 専攻 自 専攻する（in 〜） 形 主要な

Q60 解答プロセス

STEP 1 the new building for sale（売りに出す新しいビル）に270万ドルの何を設定した（placed）のかを考える。
STEP 2 (A) quote には「見積額」という意味があるので、これが正解。

> 正式には quotation だが、quote でよく使う。estimate も「見積もり」の意味。なお、quote には「引用」「引用する」という意味もある。

訳 アイロエロ・プロパティーズは売りに出す新しいビルに270万ドルの見積額を設定した。

正解 (A)

頻出単語

- (A) **quote** [kwóut] 名 見積もり；引用 他 見積もる；引用する
- (B) **property** [prápərti] 名 不動産；資産
  intellectual property（知的所有権）
- (C) **handout** [hǽndàut] 名 配付資料；プリント
- (D) **interview** [íntərvjùː] 名 面接；インタビュー
  interviewer（面接官）、interviewee（面接を受ける人）

Q61

Becke Cleaning Service does household ------- for busy professionals.

(A) chores
(B) supplies
(C) garments
(D) outlets

Ⓐ Ⓑ Ⓒ Ⓓ

Q62

Hais Burgers serves meal packages of hamburgers, fries and -------.

(A) bites
(B) dishes
(C) pans
(D) beverages

Ⓐ Ⓑ Ⓒ Ⓓ

700点レベル

Q61 解答プロセス

STEP 1 まず、household（家庭の）との結びつきに注目。また、忙しい専門職（busy professionals）に代わってするサービスである。

STEP 2 (A) chores は「雑用」で、household chores で「家事」になるので、これが正解。

> domestic chores でも同様の意味。なお、routine は「日々の決まった仕事」のこと。

訳 ベック・クリーニング・サービスは、忙しい専門職に代わって家事を行う。

正解 (A)

頻出単語

- (A) **chore** [tʃɔːr] 名 （通例、複数）雑用；決まった仕事
- (B) **supply** [səplái] 名 供給；（複数で）用品
  office supplies（事務用品）
- (C) **garment** [gáːrmənt] 名 服（の一品）；（複数で）衣類
- (D) **outlet** [áutlet] 名 コンセント；小売店；排水栓

Q62 解答プロセス

STEP 1 hamburgers, fries and ------- から、空所はハンバーガーやフライドポテトと並列できるものである。

STEP 2 選択肢に食べ物のメニューはないので、(D) beverages（飲み物）を選ぶ。

> beverages は水以外の飲み物を指し、通例は複数で使う。complimentary beverages で「(サービスでついてくる)無料の飲み物」。

訳 ヘイズ・バーガーズは、ハンバーガー、フライドポテトと飲み物という食事セットを提供する。

正解 (D)

頻出単語

- (A) **bite** [báit] 名 （食べ物の）ひとかじり；軽食
  grab a bite（軽く食べる）
- (B) **dish** [díʃ] 名 皿；料理　French dishes（フランス料理）
- (C) **pan** [pǽn] 名 平なべ
- (D) **beverage** [bévəridʒ] 名 飲み物

Q63

------- Products are located in Aisle 9 in the rear of the store.

(A) Dairy
(B) Tune
(C) Row
(D) Texture

Ⓐ Ⓑ Ⓒ Ⓓ

Q64

Varkey Stores sells ------- and other kitchenware in its Home Goods section.

(A) utensils
(B) cuisines
(C) ladders
(D) appetizers

Ⓐ Ⓑ Ⓒ Ⓓ

700点レベル

Q63 解答プロセス

STEP 1 Products（製品）と組み合わせて使える単語で、それは店の奥の9番通路にある（are located in Aisle 9 in the rear of the store）。
STEP 2 店はスーパーや雑貨店と考えられるので、(A) Dairy（酪農の）を選んで、「乳製品」とする。

> dairy farm で「酪農場」。daily（毎日の）と間違えないようにしたい。

訳 乳製品は店の奥の9番通路にあります。

正解 (A)

頻出単語
- (A) **dairy** [déəri] 名 酪農；乳製品 形 酪農の
- (B) **tune** [tjúːn] 名 曲 他 調律する；チャンネルを合わせる
- (C) **row** [róu] 名 （座席などの）列；並び
  in a row（連続して；1列になって）
- (D) **texture** [tékstʃər] 名 風合い；生地

Q64 解答プロセス

STEP 1 Home Goods section（家庭用品売り場）で売っているもので、other kitchenware（他の台所用品）と並列できるものである。
STEP 2 ここから、(A) utensils（キッチン用具）を選ぶ。カトラリーや鍋類などを指す。

> utensils は広い意味での「用具」としても使えて、writing utensils なら「筆記用具」。

訳 ヴァーキー・ストアズは家庭用品売り場で、キッチン用具や他の台所用品を販売している。

正解 (A)

頻出単語
- (A) **utensil** [juténsəl] 名 （台所）用具
- (B) **cuisine** [kwizíːn] 名 （特定の地域や店の）料理
  local cuisine（地元料理）
- (C) **ladder** [lædər] 名 はしご　corporate ladder（出世の階段）
- (D) **appetizer** [æpətàizər] 名 前菜

Q65

Billiba Department Stores will replace newly purchased broken ------- for free.

(A) affairs
(B) pills
(C) provinces
(D) appliances

Q66

The ------- on the T27E tablet covers all internal parts but excludes the exterior.

(A) apparel
(B) repair
(C) warranty
(D) savor

700点レベル

Q65 解答プロセス

STEP 1 空所の前の broken から「壊れる」ものである。
STEP 2 また、replace という動詞の目的語でもあるので、「交換」できなければならない。(D) appliances には「家電製品」の意味があり、これが文脈に合う。

> household appliances や electric appliances とも言う。

訳 ビリバ・デパートは、新たに購入された家電製品で壊れているものを無料で交換します。

正解 (D)

頻出単語

- (A) **affair** [əféər] 名 事件；問題；事情　current affairs（時事問題）
- (B) **pill** [píl] 名 錠剤　sleeping pills（睡眠薬）
- (C) **province** [právins] 名 州；地方
- (D) **appliance** [əpláiəns] 名 家電製品；什器

Q66 解答プロセス

STEP 1 動詞 covers は「対象とする；及ぶ」の意味。
STEP 2 タブレットの何がすべての内部部品（all internal parts）を対象とするのかを考えると、(C) warranty（保証［書］）が最適である。

> under warranty で「保証期間中の」。come with a three-year warranty（3年間の保証がついている）の形でよく使う。動詞は warrant（保証する）。

訳 T27E タブレットの保証はすべての内部部品を対象とするが、外装は含まない。

正解 (C)

頻出単語

- (A) **apparel** [əpǽrəl] 名 衣服；衣料　apparel fabric（衣料用生地）
- (B) **repair** [ripéər] 名 修理　他 修理する
- (C) **warranty** [wɔ́:rənti] 名 保証（書）
- (D) **savor** [séivər] 名 風味；味　他 賞味する

Q67

The western ------- of Sharty City contains many trading companies, alongside international banks and investment firms.

(A) state
(B) district
(C) treat
(D) system

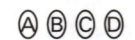

Q68

Lynn Hampton took weekend courses toward a ------- in business.

(A) degree
(B) faculty
(C) guarantee
(D) scholarship

700点レベル

Q67 解答プロセス

STEP 1 contains は「含む」の意味で、「Sharty City の西部の〜が多くの貿易会社を含む」という文脈。ここから空所には場所を表す言葉が入ると推測できる。

STEP 2 (A) state（州）と (B) district（地区）が場所を表すが、state は文脈に合わない。(B) が正解となる。

> a shopping district（商店街）、a financial district（金融街）のように使える。

訳 シャーティ市の西部地域には、海外の銀行や投資会社と並んで、多くの貿易会社がある。

正解 (B)

頻出単語
- (A) **state** [stéit] 名 州；国家；状況　a state of emergency（非常事態）
- (B) **district** [dístrikt] 名 地区；地域
- (C) **treat** [tríːt] 名 ごちそう；もてなし 他 ごちそうする；扱う
- (D) **system** [sístəm] 名 しくみ；機構；（天気予報で）大気の状況

Q68 解答プロセス

STEP 1 weekend courses toward a ------- in business（経営学の〜をめざす週末コース）という文脈。

STEP 2 (A) degree は「学位（= diploma）」の意味があるので、これが最適。(B) faculty（学部）や (D) scholarship（奨学金）は経営学についてのめざす対象にはならないので不適。

> degree には「度」「程度」「等級」などの意味もある。by degrees は「徐々に」の意味のイディオム。

訳 リン・ハンプトンは、経営学の学位をめざして週末コースを受講した。

正解 (A)

頻出単語
- (A) **degree** [digríː] 名 学位；程度；（気温などの）度
- (B) **faculty** [fǽkəlti] 名 学部；教授陣
- (C) **guarantee** [gærəntíː] 名 保証 他 保証する
- (D) **scholarship** [skɑ́lərʃip] 名 奨学金

Q69

Cold Away™ medicine reduces most cold ------- within hours.

(A) diagnosis
(B) checkups
(C) symptoms
(D) ambulances

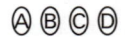

Q70

Running is a favorite ------- of Candace Hines, who has enjoyed it since she graduated from high school.

(A) article
(B) preview
(C) athlete
(D) pastime

700点レベル

Q69 解答プロセス

STEP 1 選択肢には医療関係の単語が並ぶ。まず、cold（風邪）との結びつきに注目。

STEP 2 また、薬が緩和する（medicine reduces）ものでもあるので、(C) symptoms（症状）が最適である。

> a symptom of a political turmoil（政治の混乱の兆候）のように、病気以外にも使える。類義語は sign。

訳 医薬品のコールドアウェイは、数時間以内にほとんどの風邪の症状を緩和する。

正解 (C)

頻出単語

- (A) **diagnosis** [dàiəgnóusis] 名 診断
- (B) **checkup** [tʃékʌp] 名 健康診断；（機器などの）点検
- (C) **symptom** [símptəm] 名 症状；兆候
- (D) **ambulance** [ǽmbjuləns] 名 救急車；救急ヘリなど

Q70 解答プロセス

STEP 1 「ランニングがお好みの〜」という文脈で考える。

STEP 2 ランニングとイコールになるものは、選択肢の中で (D) pastime（余暇活動）しかない。(C) athlete は「運動選手」の意味でしか使わないので、ここでは不適。

> pass（過ごす）+ time（時間）より。leisure activity、recreation などが類義語。

訳 ランニングはキャンデス・ハインズが好む余暇活動で、彼女は高校卒業後ずっとそれを楽しんでいる。

正解 (D)

頻出単語

- (A) **article** [ɑ́ːrtikl] 名 記事；（契約書などの）条項
- (B) **preview** [príːvjùː] 名 試写会；試演会
- (C) **athlete** [ǽθliːt] 名 スポーツ選手
- (D) **pastime** [pǽstàim] 名 娯楽；気晴らし

Q71

Rachael Hong's business trip will include Paris, ------- her itinerary.

(A) according to
(B) because of
(C) apart from
(D) due to

Ⓐ Ⓑ Ⓒ Ⓓ

Q72

------- Bella Grove, she will remain in the Philadelphia office for the time being.

(A) Owing to
(B) As for
(C) Free of
(D) Thanks to

Ⓐ Ⓑ Ⓒ Ⓓ

700点レベル

Q71 解答プロセス

STEP 1 カンマまでは「ラファエル・ホンの出張には、パリが含まれる」という旅行の内容。

STEP 2 カンマの後の itinerary は「旅行スケジュール」なので、これを前につなげるためには、「情報の出所」を示す (A) according to（〜によると）を入れればいい。

> 副詞の accordingly は「それを受けて；したがって」の意味で、つなぎ言葉としてよく使う。

訳 レイチェル・ホンの出張は、彼女の旅行スケジュールによると、パリが含まれる。

正解 (A)

頻出熟語
- (A) **according to** 〜によると
- (B) **because of** 〜という理由で
- (C) **apart from** 〜を除いて；〜はさておき
- (D) **due to** 〜が原因で

Q72 解答プロセス

STEP 1 空所の後の Bella Grove は、カンマの後にある she が受けている。

STEP 2 カンマまでは「話題の対象」を提示する部分と考えられるので、(B) As for（〜について）を入れれば文意が通る。

> as for は文頭で使うが、as to と regarding は話題の導入として文頭で使うほか、関連を示す言葉として文中で使うこともできる。

訳 ベラ・グローヴについて言えば、彼女はしばらくフィラデルフィア事務所にとどまるだろう。

正解 (B)

頻出熟語
- (A) **owing to** 〜という理由で
- (B) **as for** 〜について；〜に関して
- (C) **free of** 〜を免れて；〜がない
- (D) **thanks to** 〜のおかげで

Q73

Arnold Harrison ------- his coworker in dealing with a project.

(A) looked up
(B) suffered from
(C) consisted of
(D) asked favors of

Q74

Drivers at Inter-City Taxi Co. ------- maintain valid licenses.

(A) manage to
(B) feel free to
(C) used to
(D) are supposed to

Q73 解答プロセス

STEP 1 空所の後ろに his coworker(彼の同僚)が目的語としてあり、in dealing with a project(プロジェクトを引き受ける)と続いている。

STEP 2 (D) asked favors of(〜に頼んだ)を入れれば、「同僚にプロジェクトを引き受けてくれるよう頼んだ」となり、文意が通る。

> 人に頼むときは ask a favor of(〜に頼む)、人を助けるときは do a favor for(〜に手を貸す)。区別して覚えよう。

訳 アーノルド・ハリソンは同僚にプロジェクトを引き受けてくれるよう頼んだ。

正解 (D)

頻出熟語

- (A) **look up**　〜を調べる；見上げる
- (B) **suffer from**　〜に苦しむ；〜の損害を受ける
- (C) **consist of**　〜から成る；〜から構成される
- (D) **ask a favor of**　〜に頼み事をする

Q74 解答プロセス

STEP 1 タクシー会社の運転手なので、「有効期限内の運転免許証をもっている」ことは必須である。

STEP 2 be supposed to は「〜することになっている」という義務を表すことができるので、(D) が正解となる。

> 決まっている予定にも使える。The train is supposed to arrive in five minutes.(電車は5分後に着くはずだ)

訳 インターシティ・タクシー社の運転手は、有効期限内の運転免許証を保持していなければならない。

正解 (D)

頻出熟語

- (A) **manage to *do***　どうにか〜する
- (B) **feel free to *do***　自由に〜する；気楽に〜する
- (C) **used to *do***　昔は〜したものだ
- (D) **be supposed to *do***　〜することになっている；〜するはずだ

Q75

Ralon Plastics has improved quality control ------- automated production.

(A) by means of
(B) far from
(C) up to
(D) nothing but

Q76

Stephanie Zane's R&D team ------- many impressive concepts.

(A) filled in
(B) consulted with
(C) looked forward to
(D) came up with

700点レベル

Q75 解答プロセス

STEP 1 has improved quality control（品質を向上させてきた）と、空所以下の automated production（生産の自動化）の関係を考えると、後者が前者の「手段」になっていることがわかる。

STEP 2 「手段」を表すイディオムは (A) by means of（～によって）である。

> by all means（必ず）、by no means（決して～ない）も覚えておこう。

訳 レイロン・プラスチックスは、生産の自動化によって品質を向上させてきた。

正解 **(A)**

頻出熟語

- (A) **by means of** ～によって；～を用いて
- (B) **far from** ～にほど遠い；決して～でない
- (C) **up to** ～しだいで；～の義務で；～に至るまで
- (D) **nothing but** ただ～だけ

Q76 解答プロセス

STEP 1 R&D team（研究開発チーム）が主語で、many impressive concepts（多くの印象的なコンセプト）が目的語。

STEP 2 (D) came up with（～を考え出した）を入れれば、「研究開発チームが多くの印象的なコンセプトを考えた」となり文意が通る。

> come up with は proposal（提案）、solution（解決策）、idea（アイデア）などを目的語にとる、TOEIC 頻出の動詞句。

訳 ステファニー・ゼインの研究開発チームは、多くの印象的なコンセプトを考え出した。

正解 **(D)**

頻出熟語

- (A) **fill in** ～に記入する
- (B) **consult with** ～に相談する
- (C) **look forward to** ～を楽しみに待つ
- (D) **come up with** ～を考えつく；～を提案する

Q77

------- expectations, Alver Paint Co. increased revenues by 17 percent last quarter.

(A) Contrary to
(B) Fed up with
(C) Particular about
(D) When it comes to

Q78

------- brand recognition, Hizer Fashion is a very popular company.

(A) In line with
(B) In charge of
(C) In case of
(D) In terms of

700点レベル

Q77 解答プロセス

STEP 1 expectations は「予測」という意味。予測とのどういう関係で「アルヴァー・ペイント社は前四半期に17％の増収を計上した」のかを考える。
STEP 2 選択肢の中で文意に合うのは「予測に反して～増収を計上した」とすることができる (A) Contrary to（～に反して）である。

❗ on the contrary は「それどころか；むしろ」という意味のつなぎ言葉。

訳 予測に反して、アルヴァー・ペイント社は前四半期に17％の増収を計上した。

正解 (A)

頻出熟語

- (A) **contrary to** ～に反して；～とは逆に
- (B) **be fed up with** ～にうんざりする
- (C) **be particular about** ～にこだわる
- (D) **when it comes to** ～については；～の話になると

Q78 解答プロセス

STEP 1 brand recognition（ブランド認知度）と Hizer Fashion is a very popular company（ハイザー・ファッションは非常に人気のある会社だ）の関係を考えると、空所に話題を限定するイディオムを入れるとうまくつながる。
STEP 2 (D) In terms of は「～の観点では」と話題を1つに絞る役割をする。これが正解。

❗ term は単数で使うと「期間」、terms と複数で使うと「条件」「関連」の意味になる。

訳 ブランドの認知度という点で、ハイザー・ファッションは非常に人気のある会社だ。

正解 (D)

頻出熟語

- (A) **in line with** ～と合致して；～と連動して
- (B) **in charge of** ～を担当して；～を管理して
- (C) **in case of** ～の場合に
- (D) **in terms of** ～の点では；～の観点から

Q79

Fitz Logistics always pays invoices online ------- by business check.

(A) next to
(B) for the sake of
(C) instead of
(D) that is to say

Q80

Eckles Investment Group manages funds ------- a local charity.

(A) on behalf of
(B) in spite of
(C) with regard to
(D) at the cost of

700点レベル

Q79 解答プロセス

STEP 1 business check は「業務用小切手」のこと。「請求書を支払う方法」として、online（ネットで）と by business check（業務用小切手で）が空所を介して並べられている。空所に入るべきなのは、どちらかを肯定する接続語か、後者を否定する接続語。

STEP 2 ここには後者を否定する (C) instead of（〜ではなく）しかない。

💡 instead は「その代わりに；そうではなくて」の意味で単独でもよく使う。

訳 フィッツ・ロジスティクスはいつも、業務用小切手ではなくオンラインで請求書の支払いをする。

正解 **(C)**

頻出熟語
- ☐ (A) **next to** 〜の次に；〜に隣接して
- ☐ (B) **for the sake of** 〜のために；〜を目的に
- ☐ (C) **instead of** 〜の代わりに；〜しないで
- ☐ (D) **that is to say** すなわち；つまり

Q80 解答プロセス

STEP 1 manages funds は「基金を管理する」の意味で、それを行うのが Eckles Investment Group という会社である。

STEP 2 この会社と a local charity（地元の慈善事業団体）との関係を考えると、「慈善事業団体に代わって管理する」という文脈となるのが自然。したがって、(A) on behalf of（〜に代わって）を選ぶ。

💡 代わる対象が人や代名詞の場合には、on David's behalf、on his behalf とする。

訳 エクレズ・インベストメント・グループは、地元の慈善事業団体に代わって基金を管理する。

正解 **(A)**

頻出熟語
- ☐ (A) **on behalf of** 〜を代表して；〜の（利益の）ために
- ☐ (B) **in spite of** 〜にもかかわらず
- ☐ (C) **with regard to** 〜に関して
- ☐ (D) **at the cost of** 〜を犠牲にして

TOEIC 英単語のヒント①
Part 5 単語問題をすばやく解く

　Part 5 で選択肢が同じ品詞でさまざまな単語が並んでいる場合は、それは単語問題です。単語問題を正確にスピーディーに解くにはコツがあります。

　まず、空所に入る品詞と結びつく単語に注目しましょう。次は動詞の問題ですが、動詞の場合には目的語や主語に注目します。

> Our goal is to ------- your order the same day you place it.
> (A) ship
> (B) decline
> (C) offer
> (D) exhibit

　この例では空所に入る動詞の目的語である order（注文品）に注目します。order との関係だけから、(A) ship（発送する）を選ぶことができます。こうした結びつきに着目すると瞬時に問題を処理できることがあります。文全体を読む必要はありません。まずは、次のような関係に注目してみましょう。

（空所の単語）	（注目する要素）
動詞 ➡	目的語、主語
形容詞 ➡	修飾する名詞
副詞 ➡	修飾する形容詞
名詞 ➡	修飾される形容詞

　これで解けない場合には、文脈（文全体）を把握することが必要となり、それなりの時間がかかります。

Chapter 2
800点レベル
ステップアップしよう

- 動詞 …………………… 94
- 形容詞・副詞 ………… 108
- 名詞 …………………… 124
- ビジネス語 …………… 138
- 生活語 ………………… 154
- イディオム …………… 164

Q1

Alberdein Dynamics, Inc., will ------- some of its newest technologies next quarter.

(A) unveil
(B) exceed
(C) undergo
(D) enclose

Q2

Guides at Estes Convention Hall ------- guests through the main doors.

(A) conduct
(B) perform
(C) register
(D) encourage

800点レベル

Q1 解答プロセス

STEP 1 空所の後に some of its newest technologies（最新技術のいくつか）が目的語として続く。

STEP 2 technologies を目的語にとる動詞で、期日（next quarter）と一緒に使えるものとしては、(A) unveil（発表する）だけ。

> veil は名詞で「ベール；覆い」、動詞で「隠す；覆いをかける」の意味。これに否定辞の un- を付けたのが unveil である。

訳 アルバーデイン・ダイナミクス社は次の四半期に、最新技術のいくつかを発表するだろう。

正解 (A)

頻出単語

- □ (A) **unveil** [ʌ̀nvéil] 他 発表する；明かす
- □ (B) **exceed** [iksíːd] 他 上回る；〜より大きい
- □ (C) **undergo** [ʌ̀ndərɡóu] 他 経験する；被る
  undergo a surgery（手術を受ける）
- □ (D) **enclose** [inklóuz] 他 同封する；〜を囲む
  enclose an invoice（請求書を同封する）

Q2 解答プロセス

STEP 1 主語は Guides（案内係）で、案内係が guests（客）をどうするのかを考える。

STEP 2 (A) conduct には「案内する」という意味があるのでこれが正解。

> conduct は「実施する」という意味でもよく使う。conduct a survey（調査を行う）

訳 エステ・コンベンションホールの案内係は、主要なドアを通して客を誘導する。

正解 (A)

頻出単語

- □ (A) **conduct** [kəndʌ́kt] 他 案内する；実施する；指揮する
- □ (B) **perform** [pərfɔ́ːrm] 他 実行する；演奏する
  perform a duty（業務を実行する）
- □ (C) **register** [rédʒistər] 他 登録する；(郵便物を) 書留にする
- □ (D) **encourage** [inkə́ːridʒ] 他 励ます；勇気づける

Q3

Feldstrom Building maintenance workers deal with any equipment breakdowns that -------.

(A) quit
(B) occur
(C) stack
(D) update

Q4

Maklin Cola Co. will ------- a fully automated factory near Phnom Penh.

(A) address
(B) spread
(C) promote
(D) launch

800点レベル

Q3 解答プロセス

STEP 1 空所は関係代名詞 that の後にあり目的語がないので、自動詞として使えるものが入る。

STEP 2 先行詞の equipment breakdowns（機器の故障）を主語に、自動詞として使える (B) occur（発生する）が正解である。

> occur には「（考えなどが）頭に浮かぶ」という用法もある。It occurred to me that I left my smartphone in the train.（スマホを電車に置き忘れたことに気づいた）

訳 フェルドストロム・ビルの保守管理担当者は、発生する機器のどんな故障にも対応する。

正解 (B)

頻出単語

- (A) **quit** [kwít] 他（習慣などを）やめる；辞職する
- (B) **occur** [əkə́:r] 自 起こる；（考えが）浮かぶ
- (C) **stack** [stǽk] 他 積み上げる；積み重ねる　stack books（本を重ねて置く）
- (D) **update** [ʌ́pdèit] 他 最新のものにする 名 最新情報

Q4 解答プロセス

STEP 1 a fully automated factory（完全に自動化された工場）を、プノンペン近郊でどうするかと考える。

STEP 2 (D) launch には「始める」の意味があり、ここでは「プノンペン近郊で工場を稼働し始める」となるので、これが正解。

> launch には他に「発売する」「（ロケットなどを）発射する」の意味もある。launch a new product（新製品を発売する）

訳 マクリン・コーラ社は、プノンペンの近郊で完全に自動化された工場を稼働し始める。

正解 (D)

頻出単語

- (A) **address** [ədrés] 他（問題などに）取り組む；話しかける
  address a complaint（苦情に対処する）
- (B) **spread** [spréd] 他 広げる 自 広がる
- (C) **promote** [prəmóut] 他 促す；販売促進する；昇格させる
- (D) **launch** [lɔ́:ntʃ] 他 開始する；売り出す；発射する

Q5

Most companies will close their offices next Tuesday to ------- a national holiday.

(A) observe
(B) fascinate
(C) display
(D) recognize

Q6

Mathilda Herdeg ------- to both the online and print versions of *Higher Business Magazine*.

(A) approves
(B) deserves
(C) describes
(D) subscribes

800点レベル

Q5 解答プロセス

STEP 1 目的語である a national holiday（国民の祝日）との相性を考える。
STEP 2 祝日との関係で「祝う」の意味のある (A) observe を選ぶ。

> observe には他に「(規則などを) 守る」「観察する」という重要な意味がある。observe safety regulations（安全規則を守る）、observe an assembly line（組み立てラインを見守る）

訳 多くの会社は来週の火曜日には、祝日を祝うため事務所を閉める。

正解 (A)

頻出単語

- (A) **observe** [əbzə́ːrv] 他 遵守する；観察する；祝う
- (B) **fascinate** [fǽsənèit] 他 魅了する；うっとりさせる
- (C) **display** [displéi] 他 展示する；示す 名 展示（品）
- (D) **recognize** [rékəgnàiz] 他 識別する；認識する

Q6 解答プロセス

STEP 1 *Higher Business Magazine* という雑誌の both the online and print versions（オンライン版と印刷版の両方）をどうするかを考える。前置詞 to を従える自動詞である必要もある。
STEP 2 subscribe to で「〜を定期購読する」という意味なので、(D) が正解。

> subscribe を他動詞で使えば「署名する」の意味。subscribe a contract（契約書に署名する）。名詞の subscription（定期購読）も TOEIC 頻出語。

訳 マチルダ・ハーデグは『ハイヤー・ビジネス・マガジン』のオンライン版と印刷版の両方を定期購読している。

正解 (D)

頻出単語

- (A) **approve** [əprúːv] 自 賛成する（of 〜）他 承認する
- (B) **deserve** [dizə́ːrv] 他 〜に値する　deserve a raise（昇給に値する）
- (C) **describe** [diskráib] 他 説明する；描写する
- (D) **subscribe** [səbskráib] 自 定期購読する・会員登録する（to 〜）他 署名する

Q7

Hasconlo Steel was ------- 75 years ago through a £22 million starting investment.

(A) coordinated
(B) founded
(C) allotted
(D) refurbished

Q8

Lucent Park is ------- in the southern section of the city, bordering Route 27.

(A) located
(B) amended
(C) fulfilled
(D) alternated

800点レベル

Q7 解答プロセス

STEP 1 Hasconlo Steel という会社が75年前にどうされたか。
STEP 2 through 以下の starting investment（初期投資）もヒントに考えると、(B) founded（設立された）が最適である。

> 「(会社を) 設立する」には他に establish もよく使われる。

訳 ハスコンロ・スチールは、2200万ポンドの初期投資で75年前に設立された。

正解 (B)

頻出単語

- (A) **coordinate** [kouɔ́:rdənèit] 他 調整する；協調させる　自 調和する
- (B) **found** [fáund] 他 設立する；創設する
- (C) **allot** [əlát] 他 （仕事・時間などを）割り当てる；分配する
- (D) **refurbish** [rifə́:rbiʃ] 他 改装する；修理・調整する
  refurbish an office（オフィスを改装する）

Q8 解答プロセス

STEP 1 空所は Lucent Park is と in the southern section of the city に挟まれていて、in 以下は場所である。
STEP 2 〈be 動詞 ～ in 場所〉にあてはまるものを探すと、be located in（～にある）で位置・場所を示す表現になるので、(A) が正解。

> locate は「置く；見つける」という意味。be based in [at]（～に本社[本拠]を置く）も一緒に覚えておこう。

訳 ルーセント公園は市の南部地域にあり、ルート27号道路に接している。

正解 (A)

頻出単語

- (A) **locate** [lóukeit | -́-] 他 （位置を）見つける；位置づける
- (B) **amend** [əménd] 他 （よりよくするために）修正する；改正する
- (C) **fulfill** [fulfíl] 他 実行する；（義務を）果たす
  fulfill a plan（計画を実行する）
- (D) **alternate** [ɔ́:ltərnèit] 自 交替する　他 交替させる　形 交互の

Q9

Tobias Clark almost ------- turning in his report on time, owing to a heavy workload.

(A) missed
(B) obeyed
(C) defeated
(D) hesitated

Q10

After receiving government approval, construction of the Bantai Tunnel was allowed to -------.

(A) ship
(B) postpone
(C) fasten
(D) proceed

800点レベル

Q9 解答プロセス

STEP 1 almost ------- turning in his report on time（あやうく報告書を時間通りに提出することが～）という文脈。

STEP 2 (A) missed（しそこなった）を入れると、「あやうく報告書を時間通りに提出できないところだった」となり、文意が通る。

⚠ miss には「～がいなくて残念に思う」の意味があり、I'll miss you. で「あなたがいなくて寂しくなるね」。

訳: トバイアス・クラークは仕事が立て込んでいたために、あやうく報告書を時間通りに提出できないところだった。

正解 (A)

頻出単語

- (A) **miss** [mís] 他 逃す；～がいなくて残念に思う：～がない
- (B) **obey** [oubéi] 他 従う；服従する　obey orders（命令に従う）
- (C) **defeat** [difíːt] 他 打ち負かす；挫折させる
  defeat one's competitor（競争相手を打ち負かす）
- (D) **hesitate** [hézətèit] 自 ためらう；ちゅうちょする

Q10 解答プロセス

STEP 1 トンネルの建設（construction）をどうすることを許可されたのか。

STEP 2 After receiving government approval（政府の承認を受けた後で）もヒントになる。(D) proceed は「進行する」の意味でこれがぴったり。

⚠ 自動詞なので目的語を続けるには with が必要。proceed with the plan（計画を進行する）。名詞の proceeds は「収益」の意味。

訳: 政府の承認を受けた後で、バンタイ・トンネルの建設は進行できるようになった。

正解 (D)

頻出単語

- (A) **ship** [ʃíp] 他 発送する；出荷する
  ship components（部品を出荷する）
- (B) **postpone** [poustpóun] 他 延期する；先送りにする
- (C) **fasten** [fǽsn] 他 締める；固定する
  fasten a seatbelt（シートベルトを締める）
- (D) **proceed** 自 [prəsíːd] 進行する；続ける
  名 [próusiːd]（通例、複数）収益

Q11

The Wahid Business Conference Center can ------- 49,000 visitors.

(A) obtain
(B) attain
(C) constitute
(D) accommodate

Q12

Jakto Machine Tools, Inc., ------- the South American market through supplying exceptional goods.

(A) represented
(B) embraced
(C) penetrated
(D) anticipated

800点レベル

Q11 解答プロセス

STEP 1 Business Conference Center（ビジネス会議センター）という施設が、visitors（訪問客）をどうするか。
STEP 2 訪問客が目的語なので、適当なのは (D) accommodate（収容する）である。

> 他に他動詞としては「提供する」、自動詞として「～に適応する」の意味でも使う。accommodate you with a loan（あなたにローンを用立てする）、accommodate to new environments（新しい環境に適応する）

訳 ワヒド・ビジネス会議センターは4万9000人の訪問客を収容することができる。

正解 (D)

頻出単語

- (A) **obtain** [əbtéin] 他 手に入れる；獲得する
- (B) **attain** [ətéin] 他 獲得する；達成する
  attain an objective（目的を達成する）
- (C) **constitute** [kánstətjùːt] 他 構成する；～に等しい
- (D) **accommodate** [əkámədèit] 他 (ホテルなどが人を) 収容する；便宜を図る

Q12 解答プロセス

STEP 1 目的語の market（市場）との相性がカギ。through supplying exceptional goods（卓越した製品を供給することで）もヒントに考える。
STEP 2 penetrate は「浸透する」という意味で、「(市場に) 参入する」という文脈で使えるので、(C) が正解。

> ビジネスでは penetrate a market でよく使う。名詞形は penetration（浸透；参入）。

訳 ジャクト・マシン・ツールズ社は、卓越した製品を供給することによって南アメリカ市場に参入した。

正解 (C)

頻出単語

- (A) **represent** [rèprizént] 他 代表する；～を意味する
- (B) **embrace** [imbréis] 他 含む；抱擁する；受け入れる
  embrace new technology（新しい技術を取り入れる）
- (C) **penetrate** [pénətrèit] 他 染み通る；浸透する 自 貫く；浸透する
- (D) **anticipate** [æntísəpèit] 他 予想する；期待する

105

Q13

Director Nancy Berg had her staff ------- the business document several times.

(A) imply
(B) modify
(C) merge
(D) instruct

Q14

Several Visicont Entertainment Co. teams ------- to develop the video game *Rush Water*.

(A) illustrated
(B) stimulated
(C) demonstrated
(D) collaborated

800点レベル

Q13 解答プロセス

STEP 1 Nancy Berg は部下たちに業務書類をどうさせたのか。
STEP 2 several times（数回）とあることからも、(B) modify（変更する；修正する）が適切である。

> modify は「部分的に変更する」というニュアンス。文法用語としては「修飾する」という意味がある。

訳 ナンシー・バーグ取締役は、彼女の部下たちに業務書類を数回、修正させた。

正解 (B)

頻出単語

- (A) **imply** [implái] 他 暗示する；におわす
  imply consent（同意を暗示する）
- (B) **modify** [mάdəfài] 他 （部分的に）変更する；修正する
- (C) **merge** [mə́ːrdʒ] 自 合併する；合流する
- (D) **instruct** [instrʌ́kt] 他 指示する；指導する

Q14 解答プロセス

STEP 1 いくつかのチームがビデオゲームを開発する（develop the video game）ためにどうしたのかを考える。
STEP 2 複数のチームがしたことなので、(D) collaborated（共同作業をした）がぴったりである。

> 形容詞形は collaborative（共同の）、名詞形は collaboration（協力）。

訳 ヴィジコント・エンタテインメント社のいくつかのチームは、ビデオゲームの『ラッシュ・ウォーター（奔流）』を開発するために共同作業をした。

正解 (D)

頻出単語

- (A) **illustrate** [íləstrèit | ilʌ́-] 他 例解する；説明する
  illustrate a point（要点を説明する）
- (B) **stimulate** [stímjulèit] 他 刺激する；活気づける
  stimulate an economy（経済を刺激する）
- (C) **demonstrate** [démənstrèit] 他 実演して説明する 自 示威運動をする
- (D) **collaborate** [kəlǽbərèit] 自 共同作業を行う；協調して取り組む

Q15

The board of directors ------- a shareholder vote on the merger to have more time to speak with consultants.

(A) issued
(B) hired
(C) deferred
(D) provoked

Q16

Bruny Car Repairs ensures all of its technicians are ------- enough to work on nearly any type of vehicle.

(A) anxious
(B) competent
(C) ardent
(D) contemporary

800点レベル

Q15 解答プロセス

STEP 1 The board of directors（取締役会）が a shareholder vote（株主投票）をどうしたか。

STEP 2 to 以下の「コンサルタントと話し合うのにさらに時間をかけるために」という理由から、(C) deferred（延期した）を選べる。

> 自動詞で「（人の意見などを）受け入れる」の意味がある。defer to her judgment（彼女の判断に従う）。名詞形は deferment/deferral（延期）と deference（服従；敬意）の3つある。

訳 取締役会は、コンサルタントと話し合うのにさらに時間をかけるために、合併に関する株主投票を延期した。　　**正解 (C)**

頻出単語

- (A) **issue** [íʃuː] 他 発行する；交付する　issue a statement（声明を出す）
- (B) **hire** [háiər] 他 雇用する；採用する
- (C) **defer** [difə́ːr] 他 延期する 自 受け入れる（to ～）
- (D) **provoke** [prəvóuk] 他 誘発する；挑発する

Q16 解答プロセス

STEP 1 空所の形容詞は「技術者全員（all of its technicians）」を形容しなければならない。また、「ほとんどあらゆる種類の車両の仕事をするのに十分な～」と続く。

STEP 2 (B) competent は「能力がある」の意味で、ぴったり合う。

> 名詞形は competence（能力）。「能力がある」という形容詞は他にも capable、able、adept などいくつもあり、人事分野でよく使う。

訳 ブルニー・カーリペアズは、技術者全員がほとんどあらゆる種類の車両に対応できる能力を十分に備えていることを保証します。　　**正解 (B)**

頻出単語

- (A) **anxious** [ǽŋkʃəs] 形 心配な；～を熱望して
- (B) **competent** [kámpətənt] 形 有能な；適任の
- (C) **ardent** [áːrdnt] 形 熱心な；情熱的な　an ardent fan（熱心なファン）
- (D) **contemporary** [kəntémpərèri] 形 現代の；同時代の　contemporary art（現代美術）

Q17

Great Discovery Museum is not ------- for any personal belongings lost on its premises.

(A) liable
(B) primary
(C) sensitive
(D) ambitious

Ⓐ Ⓑ Ⓒ Ⓓ

Q18

Donald Haas and Connie Jones work in the Grand Rapids and Duluth office branches, -------.

(A) certainly
(B) quarterly
(C) thoroughly
(D) respectively

Ⓐ Ⓑ Ⓒ Ⓓ

800点レベル

Q17 解答プロセス

STEP 1 博物館が「館内で紛失したすべての所持品（any personal belongings lost on its premises）」に対してどうなのかを考える。前置詞 for との結びつきもヒントになる。

STEP 2 be liable for で「〜に責任がある」なので、(A) が正解。

> liable は to 不定詞を続けて「〜しがちだ；〜しそうだ」の意味でも使う。She is liable to forget promises.（彼女は約束を忘れがちだ）

訳 グレイト・ディスカバリー博物館は、館内で紛失したいかなる所持品についても責任を負いかねます。

正解 (A)

頻出単語

- (A) **liable** [láiəbl] 形 〜に責任がある（for 〜）；〜しがちである（to do）
- (B) **primary** [práimèri] 形 最も重要な；初期段階の
- (C) **sensitive** [sénsətiv] 形 微妙な；敏感な
  sensitive to radiation（放射能に過敏な）
- (D) **ambitious** [æmbíʃəs] 形 野心のある；〜を熱望している（for 〜）

Q18 解答プロセス

STEP 1 主語は2人の人物で、彼らが働く office branches（支社）も2つ並列されている。また、空所の前にはカンマがある。

STEP 2 文全体を修飾し、並列関係を示す副詞が必要なので (D) respectively（それぞれ）を選ぶ。

> 形容詞は respective（それぞれの）。respectful（敬意を表す）、respectable（きちんとした）と区別したい。

訳 ドナルド・ハーズとコニー・ジョーンズはそれぞれ、グランドラピッズ支社とダルース支社で働いている。

正解 (D)

頻出単語

- (A) **certainly** [sə́:rtnli] 副 確かに；その通り
- (B) **quarterly** [kwɔ́:rtərli] 副 年4回 形 四半期の 名 季刊誌
- (C) **thoroughly** [θə́:rouli] 副 完全に；まったく
- (D) **respectively** [rispéktivli] 副 それぞれ

動詞　形容詞・副詞　名詞　ビジネス語　生活語　イディオム

目標タイム **50** 秒

Q19

Lena Holmes used her science background to establish a ------- career in biomedicine.

(A) intensive
(B) discreet
(C) lucrative
(D) substantial

Ⓐ Ⓑ Ⓒ Ⓓ

Q20

Haply Shopping Card members can get discounts ------- for them, either online or inside any Haply Shopping outlet.

(A) exclusively
(B) literally
(C) regrettably
(D) previously

Ⓐ Ⓑ Ⓒ Ⓓ

800点レベル

Q19 解答プロセス

STEP 1 establish a ------- career は「〜な仕事を確立する」の意味。career（仕事）を修飾するのに適切な形容詞を考える。

STEP 2 (C) lucrative（高給の）を入れると「高給の仕事」になり、文意が通る。

> a lucrative project（利益のあがるプロジェクト）、lucrative offer（高収入のオファー）など、ビジネスでよく使う。類義語は profitable。

訳 レナ・ホームズは、科学の経歴を活かして、生化学分野で高給の仕事に就くことができた。

正解 (C)

頻出単語

- (A) **intensive** [inténsiv] 形 集中的な；徹底的な
  an intensive study（集中的な研究）
- (B) **discreet** [diskríːt] 形 慎重な；思慮深い
- (C) **lucrative** [lúːkrətiv] 形 儲かる；得な
- (D) **substantial** [səbstǽnʃəl] 形 （数量が）たくさんの；根本の
  substantial increase（大幅な増加）

Q20 解答プロセス

STEP 1 選択肢には副詞が並ぶ。カード会員がどんなふうにして、ディスカウントを受ける（get discounts）のかを考える。

STEP 2 (A) exclusively（独占的に）しか適当なものはない。

> 動詞は exclude（排除する）、名詞は exclusion（排除；除外）。

訳 ハプリー・ショッピングカードの会員は、オンラインか、またはハプリー・ショッピングの小売店の店舗かで、会員限定の割引を受けることができます。

正解 (A)

頻出単語

- (A) **exclusively** [iksklúːsivli] 副 独占的に
- (B) **literally** [lítərəli] 副 文字通り；まったく
- (C) **regrettably** [rigrétəbli] 副 残念ながら
- (D) **previously** [príːviəsli] 副 以前に；前もって

Q21

Warranties on Frekton Appliance Co. items are ------- for 90 days from the date of purchase.

(A) valid
(B) cozy
(C) vague
(D) immune

Ⓐ Ⓑ Ⓒ Ⓓ

Q22

Kwaing Real Estate, Inc., felt it was ------- that local property prices would rise.

(A) permanent
(B) affordable
(C) complicated
(D) inevitable

Ⓐ Ⓑ Ⓒ Ⓓ

800点レベル

Q21 解答プロセス

STEP 1 Warranties（保証）を形容するのに適当なものはどれか。

STEP 2 for 90 days from the date of purchase（購入日から90日間）という「期限」もヒントになる。(A) valid は「有効な」の意味なので、これが最適。

> 名詞形は validity。「無効な」は invalid や、null、void。なお、null and void は「無効な」の意味の慣用表現。

訳 フレクトン・アプライアンス社の製品の保証は購入日から90日間有効です。

正解 (A)

頻出単語

- (A) **valid** [vǽlid] 形 有効な；妥当な
- (B) **cozy** [kóuzi] 形 居心地のよい　a cozy sofa（心地よいソファ）
- (C) **vague** [véig] 形 はっきりしない；あいまいな
- (D) **immune** [imjúːn] 形 免疫がある（to ～）；免除された（from ～）

Q22 解答プロセス

STEP 1 it は that 節を指し、その that 節は「地域の不動産価格が上昇する（local property prices would rise）」という意味。この状況を表すのにふさわしい形容詞を選ぶ。

STEP 2 (D) inevitable は「避けられない」という意味で文意に合う。

> in（ない）+ evitable（避けられる）= inevitable。類義語は unavoidable や inescapable。

訳 クワイン・リアルエステート社は、地域の不動産価格が上昇するのは避けられないと考えた。

正解 (D)

頻出単語

- (A) **permanent** [pə́ːrmənənt] 形 （職責が）常任の；永久の
- (B) **affordable** [əfɔ́ːrdəbl] 形 手頃な価格の
  affordable housing（手頃な価格の住宅）
- (C) **complicated** [kámpləkèitid] 形 複雑な；入り組んだ
- (D) **inevitable** [inévətəbl] 形 避けられない；必然的な

Q23

The production committee made a ------- decision to intensify quality control measures.

(A) promising
(B) courteous
(C) superficial
(D) unanimous

Q24

Afton Zoo staff are always ------- with visitors as they explain the various exhibits.

(A) cordial
(B) humble
(C) splendid
(D) genuine

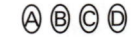

800点レベル

Q23 解答プロセス

STEP 1 made a ------- decision とあるので、decision（決定）を修飾するのに適切な形容詞を考える。

STEP 2 (D) unanimous は「全会一致の」という意味でぴったりである。

❗ 反意語は divided（意見の割れた）。

訳 生産委員会は、品質管理策を強化することを全会一致で決定した。

正解 (D)

頻出単語

- (A) **promising** [prámisiŋ] 形 前途有望な；見通しの明るい
- (B) **courteous** [kə́:rtiəs] 形 礼儀正しい；丁重な
  in a courteous manner（丁寧に）
- (C) **superficial** [sù:pərfíʃəl] 形 表面的な；浅い
- (D) **unanimous** [ju:nǽnəməs] 形 全会一致の

Q24 解答プロセス

STEP 1 動物園のスタッフが visitors（訪問客）に対してどんな対応なのかを考える。

STEP 2 (A) cordial（丁重な）か (B) humble（謙虚な）が候補だが、as they explain the various exhibits（さまざまな見所を説明してくれるように）という状況も考慮に入れると、(A) が適切。

❗ friendly より儀礼的な響きがあり、ビジネスで好まれる。

訳 アフトン動物園のスタッフは、さまざまな見所を説明してくれるなど、いつも訪問客に丁重に応対する。

正解 (A)

頻出単語

- (A) **cordial** [kɔ́:rdʒəl] 形 心のこもった；丁重な
- (B) **humble** [hʌ́mbl] 形 謙遜した；質素な　my humble abode（拙宅）
- (C) **splendid** [spléndid] 形 すばらしい；豪華な
- (D) **genuine** [dʒénjuin] 形 本物の；正直な

Q25

All ------- claims are processed by Stabbini Insurance in a fast and efficient manner.

(A) preceding
(B) notorious
(C) enormous
(D) legitimate

Q26

Hui Ling Chen attended a ------- meeting on the upcoming office relocation.

(A) viable
(B) patient
(C) obsolete
(D) mandatory

800点レベル

Q25 解答プロセス

STEP 1 claims（請求）を修飾するのに適当な形容詞を考える。また、請求は保険会社に処理されるものである。

STEP 2 保険会社との関係も考えて、(D) legitimate（合法的な）を選ぶ。

> legitimate には「合法的な（= lawful）」とともに、「有効な；正当な（= valid, reasonable）」の意味もある。

訳 すべての合法的な請求は、スタビニ保険によってすばやく効率的に処理される。

正解 (D)

頻出単語

- (A) **preceding** [prisíːdiŋ] 形 先行する；先立つ
  the preceding page（前のページ）
- (B) **notorious** [noutɔ́ːriəs] 形 悪名高い
- (C) **enormous** [inɔ́ːrməs] 形 巨大な；莫大な
- (D) **legitimate** [lidʒítəmət] 形 合法的な；合理的な

Q26 解答プロセス

STEP 1 meeting（会議）を修飾できる形容詞であるかどうかがポイント。

STEP 2 (D) mandatory は「義務のある；必須の」という意味で、「出席義務のある会議」となり、これが正解。optional（選択できる）が反意語。

> 〈It is mandatory that S + 動詞原形〜〉は TOEIC 頻出。mandatory、necessary、advisable など、義務・必要・推奨の形容詞が導く that 節は仮定法現在で、動詞は原形または should を付ける。

訳 フイリン・チェンは、近く行われる事務所移転についての出席義務のある会議に出た。

正解 (D)

頻出単語

- (A) **viable** [váiəbl] 形 （計画・事業などが）実現可能な
- (B) **patient** [péiʃənt] 形 我慢強い；寛容な
- (C) **obsolete** [ɔ́bsəliːt] 形 時代遅れの；廃れた
  obsolete machinery（時代遅れの機械類）
- (D) **mandatory** [mǽndətɔ̀ːri] 形 強制的な；必須の

Q27

All iXcellent Law Co. client information is kept in ------- files.

(A) acute
(B) confidential
(C) abundant
(D) consistent

Ⓐ Ⓑ Ⓒ Ⓓ

Q28

Notarikab Manufacturing has a ------- international workforce of over 10,000 employees.

(A) rigid
(B) diverse
(C) artificial
(D) nominal

Ⓐ Ⓑ Ⓒ Ⓓ

800点レベル

Q27 解答プロセス

STEP 1 顧客情報（client information）が保存されるのがどんな files（ファイル）なのかを考える。

STEP 2 (B) confidential は「機密の；守秘義務の」の意味なのでこれが正解。

> secret や classified が類義語。confident（自信のある）と混同しないこと。

訳 エクセレント法律社のすべての顧客情報は機密ファイルに保管されている。

正解 (B)

頻出単語

- (A) **acute** [əkjúːt] 形 激しい；急性の　acute pain（激痛）
- (B) **confidential** [kànfədénʃəl] 形 内密の；機密の
- (C) **abundant** [əbʌ́ndənt] 形 豊富な（in / with ～）
- (D) **consistent** [kənsístənt] 形 一貫性のある；矛盾しない

Q28 解答プロセス

STEP 1 international workforce of over 10,000 employees は「1万人以上の社員から成る国際的な労働力」という意味。

STEP 2 これを修飾する形容詞として適当なのは (B) diverse（多様な）である。

> 名詞の diversity（多様性）もよく使う。diverse の類義語は various、mixed、diversified など。

訳 ノタリカブ・マニュファクチャリングは、1万人以上の社員から成る多様性のある国際的な労働力を擁している。

正解 (B)

頻出単語

- (A) **rigid** [rídʒid] 形 厳格な；融通が利かない　rigid rules（厳格な規則）
- (B) **diverse** [divə́ːrs] 形 多様な；さまざまな
- (C) **artificial** [àːrtəfíʃəl] 形 人工の；うわべだけの
- (D) **nominal** [nάmənəl] 形 ごくわずかの；名目上の
  a nominal fee（わずかの料金）

Q29

Deason Aircraft Co. design managers discussed whether a new plan was -------.

(A) numerous
(B) concise
(C) inferior
(D) feasible

Q30

The Kand County Weather Center forecasts only a ------- chance of rain for tomorrow.

(A) remote
(B) terrific
(C) spacious
(D) adjacent

800点レベル

Q29 解答プロセス

STEP 1 discussed whether a new plan was -------（新しい計画が〜かどうか話し合った）という文脈。

STEP 2 a new plan を形容するにふさわしいものを考えて (D) feasible（実現可能な）を入れる。「新しい計画が実現可能かどうかを話し合った」となり、文意が通る。

> 名詞は feasibility（実現可能性）で、実現の可能性を確かめる調査を feasibility study（事業化調査）と呼ぶ。

訳 ディーソン・エアクラフト社の設計マネジャーたちは、新しい計画が実現可能かどうかを話し合った。

正解 (D)

頻出単語

- (A) **numerous** [njúːmərəs] 形 多数の
- (B) **concise** [kənsáis] 形 簡潔な；簡明な
- (C) **inferior** [infíəriər] 形 〜より劣った（to 〜）
- (D) **feasible** [fíːzəbl] 形 実現可能な；見込みのある

Q30 解答プロセス

STEP 1 chance of rain for tomorrow（明日雨が降る可能性）を修飾するには「確度の高低」を示す形容詞が適当。

STEP 2 (A) remote には「わずかな」の意味があるので、これを選ぶ。

> remote のポピュラーな意味は「遠隔の」である。a remote area（遠隔地）

訳 カンド郡気象センターは、明日は雨が降る可能性はほとんどないと予測している。

正解 (A)

頻出単語

- (A) **remote** [rimóut] 形 遠く離れた；（可能性などが）わずかな
- (B) **terrific** [tərífik] 形 すばらしい；ものすごい
- (C) **spacious** [spéiʃəs] 形 広々とした
- (D) **adjacent** [ədʒéisnt] 形 隣接する
  adjacent to city hall（市役所に隣接している）

Q31

The ------- of the board meeting was an agreement to increase production by 3.8 percent.

(A) outcome
(B) warning
(C) attitude
(D) session

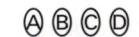

Q32

CEO Nirad Bose listed higher market share for his company as a primary business -------.

(A) paycheck
(B) privilege
(C) opposition
(D) objective

800点レベル

Q31 解答プロセス

STEP 1 取締役会議（the board meeting）の何が3.8％増産することの合意（an agreement to increase production by 3.8 percent）だったのかを考える。

STEP 2 (A) outcome は「成果」の意味があるので、これが最適。

> out（外に）+ come（出てくるもの）で覚えられる。result、conclusion などが類義語。

訳 取締役会議の成果は、3.8％の増産に合意したことだった。

正解 (A)

頻出単語

- (A) **outcome** [áutkÀm] 名 結果；成果
- (B) **warning** [wɔ́ːrniŋ] 名 警告；警報
- (C) **attitude** [ǽtitjùːd] 名 態度；心構え
- (D) **session** [séʃən] 名 会合；集まり
  a brainstorming session（ブレスト会議）

Q32 解答プロセス

STEP 1 list A as B で「AをBとして掲げる」。この文では higher market share for his company（会社の市場占有率を高めること）を「事業の第一の～」として掲げたということ。

STEP 2 空所には、(D) objective（目標）がぴったりである。

> 類義語は goal や target。objective を形容詞で使えば「客観的な」の意味。

訳 ニラッド・ボーズ CEO は、会社の市場占有率を高めることを第一の事業目標に掲げた。

正解 (D)

頻出単語

- (A) **paycheck** [péitʃèk] 名 給与
- (B) **privilege** [prívəlidʒ] 名 特権；特典
- (C) **opposition** [àpəzíʃən] 名 反対；対立；(the ～) 野党
- (D) **objective** [əbdʒéktiv] 名 目標 形 客観的な

Q33

Human Resources Manager Ariana Drummond welcomes ------- from everyone in her department.

(A) allure
(B) behavior
(C) input
(D) majority

Q34

Minston Bank and Trust staff are trained to act with high ------- at all times.

(A) rumor
(B) fatigue
(C) oversight
(D) integrity

800点レベル

Q33 解答プロセス

STEP 1 welcomes ------- from everyone in her department は「彼女の部署のすべての人からの〜を歓迎する」。

STEP 2 Human Resources Manager（人事部長）が歓迎するものを考えると、(C) input（意見）が文意に合う。

> input は「入力（データ）」のほかに、opinion の意味でよく使うので注意。

訳 アリアナ・ドラモンド人事部長は、彼女の部署に属するどんな人からの意見も歓迎する。

正解 (C)

頻出単語
- (A) **allure** [əlúər] 名 魅力　the allure of Vienna（ウイーンの魅力）
- (B) **behavior** [bihéivjər] 名 振る舞い；行儀
- (C) **input** [ínpùt] 名 意見；協力
- (D) **majority** [mədʒɔ́:rəti] 名 過半数　a majority decision（多数決）

Q34 解答プロセス

STEP 1 act with high ------- at all times（スタッフがいつも高い〜をもって行動する）という文脈。

STEP 2 (D) integrity は「誠実さ」という意味なので、スタッフが行動する際にもつ資質として最適。

> integrity には「統一性；ひとつにまとまっていること」の意味もある。動詞は integrate（統合する）。

訳 ミンストン・バンク・アンド・トラストの行員は、いつも高度な誠実さをもって行動するよう訓練されている。

正解 (D)

頻出単語
- (A) **rumor** [rú:mər] 名 うわさ；風評
- (B) **fatigue** [fətí:g] 名 疲労；倦怠
- (C) **oversight** [óuvərsàit] 名 見落とし；不注意
- (D) **integrity** [intégrəti] 名 誠実；高潔

Q35

Sanx Metalworks Co. carried out its factory expansion over a broad -------.

(A) scope
(B) remark
(C) custom
(D) vision

Ⓐ Ⓑ Ⓒ Ⓓ

Q36

A ------- of Tioisti Candy Co. earnings are donated to child charities yearly.

(A) company
(B) portion
(C) support
(D) feedback

Ⓐ Ⓑ Ⓒ Ⓓ

800点レベル

Q35 解答プロセス

STEP 1 Sanx Metalworks Co. という会社は its factory expansion（工場の拡張）をどのように行ったのか。broad（幅広い）で修飾できる名詞でなければならない。

STEP 2 (A) scope（範囲）を選べば、over a broad scope は「広範囲にわたって」となり、「工場の拡張を行った」とうまくつながる。

> 「余地；可能性」の意味でも使える。scope for expansion（拡張の余地）

訳 サンクス・メタルワークス社は広範囲にわたる工場の拡張を実行した。

正解 (A)

頻出単語

- (A) **scope** [skóup] 名 範囲；領域；余地
- (B) **remark** [rimáːrk] 名 意見；（複数で）公式の言葉
- (C) **custom** [kÁstəm] 名 慣習；習慣；得意先
- (D) **vision** [víʒən] 名 先見の明；見通し；視力

Q36 解答プロセス

STEP 1 earnings（収益）の何が子供の慈善事業に献金される（donated）のかを考える。

STEP 2 (B) portion は「部分」という意味で、「収益の一部」となり、文意が通る。

> a portion of（〜の一部）の形でよく使われる。

訳 ティオイスティ・キャンディ社の収益の一部は毎年、子供の慈善事業に献金される。

正解 (B)

頻出単語

- (A) **company** [kÁmpəni] 名 付き合い；仲間；会社
  enjoy his company（彼と一緒にいると楽しい）
- (B) **portion** [pɔ́ːrʃən] 名 部分；一部
- (C) **support** [səpɔ́ːrt] 名 支持；支え 他 支持する；支える
- (D) **feedback** [fíːdbæk] 名 感想；（顧客などの）反応

129

Q37

Participants at the seminar will learn about several ------- of risk in the global economy.

(A) aids
(B) results
(C) deficits
(D) elements

Ⓐ Ⓑ Ⓒ Ⓓ

Q38

As a regional sales director, Jin-ho Sung has ------- over 38 offices in four provinces.

(A) drive
(B) authority
(C) status
(D) review

Ⓐ Ⓑ Ⓒ Ⓓ

800点レベル

Q37 解答プロセス

STEP 1 learn about several ------- of risk in the global economy（グローバル経済のリスクのいくつかの〜を学ぶ）という文脈。

STEP 2 (D) elements は「要素」という意味で、「リスクのいくつかの要素」となり、文意が通る。他の選択肢はいずれも文脈上、無理である。

> the elements で「基本部分；要諦」の意味。形容詞は elementary（初歩的な；基本の）。

訳 そのセミナーの参加者は、グローバル経済におけるリスクのいくつかの要素を学ぶことができる。

正解 (D)

頻出単語

- (A) **aid** [éid] 名 援助；救援（物資） 他 援助する
- (B) **result** [rizÁlt] 名 結果；成果
- (C) **deficit** [défəsit | difís-] 名 不足；欠損　trade deficits（貿易赤字）
- (D) **element** [éləmənt] 名 要素；成分

Q38 解答プロセス

STEP 1 a regional sales director（地域営業役員）として、この人が38の事務所をどうしているのかを考える。

STEP 2 「統括する」という表現が推測できるが、そうするには、空所に (B) authority（権限）を入れる必要がある。

> the authorities で「管轄する政府機関」「警察」を指す。動詞の authorize（権限を与える；許可する）も TOEIC で頻出。

訳 ジンホー・スンは地域営業役員として、4つの州にある38の事務所を統括する。

正解 (B)

頻出単語

- (A) **drive** [dráiv] 名 意欲；活力；ドライブ；道路
- (B) **authority** [əθɔ́:rəti] 名 権限；権威；当局
- (C) **status** [stéitəs] 名 地位；身分；状況
  wealth and status（富と地位）
- (D) **review** [rivjú:] 名 検査；批評 他 検査する；批評する

Q39

The Ministry of Business tries to reduce paperwork ------- for new companies opening within the country.

(A) devices
(B) substitutes
(C) obstacles
(D) solutions

Q40

Tinz Manufacturing planned an ------- to recycle some industrial waste.

(A) initiative
(B) appetite
(C) instinct
(D) expedition

800点レベル

Q39 解答プロセス

STEP 1 reduce paperwork ------- （書類仕事の〜を減らす）という文脈。それは「国内に新設される会社のために」という文脈である。つまり、空所にはネガティブな意味の言葉が入ると予測できる。

STEP 2 選択肢でネガティブな意味の名詞は (C) obstacles（障害）。これを入れると「書類仕事の障害を緩和する」となり、文意が通る。

> ob-（〜に対して）+ stacle（立つ）より。類義語は barrier、hurdle、obstruction、hindrance など。

訳 商務省は国内に新設される会社のために、書類仕事の障害を緩和しようとしている。

正解 (C)

頻出単語
- (A) **device** [diváis] 名 装置；機器
- (B) **substitute** [sʌ́bstətjùːt] 名 代替物［人］；交替 他 代わりに使う
- (C) **obstacle** [ɑ́bstəkl] 名 障害（物）；邪魔
- (D) **solution** [səlúːʃən] 名 解決（策）

Q40 解答プロセス

STEP 1 planned an ------- と、動詞 plan の目的語になっているので、立案できるものでなければならない。また、to recycle some industrial waste から「産業廃棄物を再処理する」ためのものでもある。

STEP 2 (A) initiative には「行動計画」の意味があり、この文脈にぴったり。

> イニシアティブというカタカナからは意味をつかみにくい。「指導する能力」または「行動の計画・戦略」のことである。

訳 ティンズ・マニュファクチャリングは、産業廃棄物を再処理する行動計画を立案した。

正解 (A)

頻出単語
- (A) **initiative** [iníʃiətiv] 名 指導力；実行力；行動計画
- (B) **appetite** [ǽpətàit] 名 食欲；欲求
- (C) **instinct** [ínstiŋkt] 名 本能；生まれつきの能力
  instinct for music（音楽の才）
- (D) **expedition** [èkspədíʃən] 名 探検；遠征

Q41

Archie Kurtz received a ------- proving he is qualified to work on sewage lines.

(A) component
(B) comparison
(C) certificate
(D) connection

Ⓐ Ⓑ Ⓒ Ⓓ

Q42

CFR Power Co. sends e-mail ------- to customers when their statements are past due.

(A) reminders
(B) remedies
(C) revenge
(D) regulations

Ⓐ Ⓑ Ⓒ Ⓓ

800点レベル

Q41 解答プロセス

STEP 1 received a ------- から人が受け取るものである。
STEP 2 また、後ろに proving he is qualified to work on sewage lines と続いていて、「下水道で働く資格があることを証明する」ものでもある。(C) certificate は「免状；証明書」の意味で、これが正解。

> 動詞は certify で「証明する」の意味。

訳 アーチー・カーツは、下水道で働く資格があることを証明する免状を取得した。

正解 (C)

頻出単語

- (A) **component** [kəmpóunənt] 名 部品；成分
- (B) **comparison** [kəmpǽrisn] 名 比較
- (C) **certificate** [sərtífikət] 名 免状；証明書
  gift certificates（商品券）
- (D) **connection** [kənékʃən] 名 関係；交流；（飛行機などの）乗り継ぎ

Q42 解答プロセス

STEP 1 past due は「期日を過ぎた」の意味。請求明細（statements）が期日を過ぎたときに、e-mail の何を送るかを考える。
STEP 2 (A) reminders には「督促状」の意味があり、これが正解となる。

> reminder は一般的に「思い出させるもの・人・助言」という意味。動詞は remind（思い出させる）で、Thanks for reminding me.（思い出させてくれてどうも）は決まり文句。

訳 CFR パワー社は、請求明細が期日を過ぎているときには、顧客にメールの催促状を送付する。

正解 (A)

頻出単語

- (A) **reminder** [rimáindər] 名 思い出させるもの・人・助言；督促状
- (B) **remedy** [rémədi] 名 救済策；解決策；治療 他 治療する
- (C) **revenge** [rivéndʒ] 名 報復 自 報復する
- (D) **regulation** [règjuléiʃən] 名 規則；規制

Q43

Based on its excellent -------, Ellender Resorts received a 5-star rating from critics.

(A) flavor
(B) relationship
(C) hospitality
(D) inconvenience

Q44

------- at City Art Gallery has risen 12.4 percent, with many visitors bringing friends and family.

(A) Tribute
(B) Patronage
(C) Scrutiny
(D) Evolution

800点レベル

Q43 解答プロセス

STEP 1 5-star rating は「5つ星の評価」で、Ellender Resorts という会社が批評家（critics）から得たもの。Based on に続く部分はその評価の根拠に当たる言葉がくる。

STEP 2 excellent（優秀な）が修飾する言葉であることも考えて、(C) hospitality（接客サービス；もてなし）を選ぶ。

💡 形容詞は hospitable（親切にもてなす）、副詞は hospitably（親切に；手厚く）。

訳 エレンダー・リゾーツは優秀な接客サービスによって、批評家から5つ星の評価を得た。

正解 (C)

頻出単語
- (A) **flavor** [fléivər] 名 風味；芳香；趣
- (B) **relationship** [riléiʃənʃip] 名 関係；親交
- (C) **hospitality** [hàspətǽləti] 名 親切なもてなし；歓待
- (D) **inconvenience** [ìnkənvíːniəns] 名 不便；不都合；迷惑

Q44 解答プロセス

STEP 1 City Art Gallery の何が 12.4% 増えたのか。with many visitors bringing friends and family（多くの訪問客が友人や家族を連れてきたおかげで）もヒントになる。

STEP 2 (B) Patronage には「来客（数）」の意味があり、これが正解。

💡 patronage には「愛顧」の意味もあり、Thank you for your continued patronage.（変わらぬご愛顧をありがとうございます）のように使う。

訳 シティ・アートギャラリーの入場者数は、多くの訪問客が友人や家族を連れてきたおかげで 12.4% 増加した。

正解 (B)

頻出単語
- (A) **tribute** [tríbjuːt] 名 賛辞；尊敬　pay tribute to（～に敬意を表する）
- (B) **patronage** [péitrənidʒ] 名 愛顧；常連客；来客（数）
- (C) **scrutiny** [skrúːtəni] 名 精密な調査
- (D) **evolution** [èvəlúːʃən] 名 進化；発展

Q45

Harris Williams and Pauline Mabius went to lunch at a deli in the ------- of their office.

(A) share
(B) leisure
(C) vicinity
(D) atmosphere

Ⓐ Ⓑ Ⓒ Ⓓ

Q46

Verai Finance Co. offers residential and commercial ------- at competitive interest rates.

(A) couriers
(B) utilities
(C) contracts
(D) mortgages

Ⓐ Ⓑ Ⓒ Ⓓ

800点レベル

Q45 解答プロセス

STEP 1 a deli in the ------- of their office（彼らのオフィスの〜にあるデリ）から、空所には場所を示す言葉が入ると推測できる。

STEP 2 選択肢で場所を表すのは (C) vicinity（近所）のみである。

💡 in the vicinity of（〜の近所で）で覚えておこう。neighborhood が類義語。

訳 ハリス・ウィリアムズとポーリーン・メビウスは、オフィスの近くのデリに昼食に出かけた。

正解 (C)

頻出単語

- (A) **share** [ʃéər] 名 （出資での）取り分；分担；株式
- (B) **leisure** [líːʒər] 名 余暇；自由時間
- (C) **vicinity** [visínəti] 名 近所；周辺
  in the vicinity of（〜の近くに；およそ〜）
- (D) **atmosphere** [ǽtməsfiər] 名 雰囲気；大気

Q46 解答プロセス

STEP 1 Verai Finance Co. はその名前から金融機関。この金融機関が格安の金利で（at competitive interest rates）何を提供するかを考える。

STEP 2 (D) mortgages は「不動産ローン」という意味があり、これが最適。

💡 mortgage loan ともいう。mortgage はもともと「担保」の意味。購入不動産を担保にして融資を受けることから。

訳 ヴェレイ・ファイナンス社は、格安の金利で住宅および商用の不動産ローンを提供します。

正解 (D)

頻出単語

- (A) **courier** [kə́ːriər] 名 宅配業者
- (B) **utilities** [juːtíləti:z] 名 （通例、複数）水道光熱費・公益事業体
- (C) **contract** [kɑ́ntrækt] 名 契約（書） under contract（契約して）
- (D) **mortgage** [mɔ́ːrgidʒ] 名 住宅ローン；担保

139

Q47

The Department of Commerce gave the merger ------- approval, but asked for more data from the companies involved.

(A) ultimate
(B) considerate
(C) tentative
(D) consecutive

Q48

Akihiko Nomura's staff devised a purchase contract -------, and then revised it several times.

(A) draft
(B) inquiry
(C) manual
(D) receipt

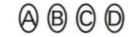

800点レベル

Q47 解答プロセス

STEP 1 gave the merger ------- approval は「その合併に～な承認を与えた」で、空所には approval（承認）を修飾する形容詞が入る。

STEP 2 後半の「しかし、関係する会社にさらにデータを求めた」から、この approval は最終的なものではない。(C) tentative（暫定的な）が正解。

> a tentative date（仮の日程）、a tentative agreement（暫定的な合意）など、ビジネスでよく使う。類義語は provisional。

訳 商務省はその合併に暫定的な承認を与えたが、関係する会社にさらにデータを求めた。

正解 (C)

頻出単語
- (A) **ultimate** [ʌ́ltimət] 形 究極の；最高の
  an ultimate solution（最終的な解決）
- (B) **considerate** [kənsídərət] 形 思いやりのある；気が利く
- (C) **tentative** [téntətiv] 形 仮の；一時的な
- (D) **consecutive** [kənsékjutiv] 形 連続した
  consecutive numbers（通し番号）

Q48 解答プロセス

STEP 1 devised a purchase contract ------- から、つくりあげたものは「購入契約書」の何か。

STEP 2 そして、それを後で数回訂正した（then revised it several times）。(A) draft（下書き）を入れると文意が通る。

> TOEIC で文書関連のテーマに頻出。「書類の草案」が原意で、ビルの「設計図」にも使える。

訳 アキヒコ・ノムラのスタッフは、購入契約書の下書きをつくりあげ、後で数回訂正した。

正解 (A)

頻出単語
- (A) **draft** [dræft] 名 下書き；草案；ドラフト
- (B) **inquiry** [inkwáiəri] 名 問い合わせ
- (C) **manual** [mǽnjuəl] 名 取扱説明書 形 手動の；肉体労働の
- (D) **receipt** [risíːt] 名 領収書；レシート

Q49

Wilma Dotson may ------- her business trip to Saudi Arabia, because of several new office projects.

(A) refund
(B) reshuffle
(C) reschedule
(D) renovate

Q50

Kadainsol Manufacturing may eliminate most of its ------- consumption by becoming paperless.

(A) deposit
(B) patent
(C) material
(D) stationery

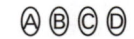

800点レベル

Q49 解答プロセス

STEP 1 business trip（出張）をどうするのか。また、そうする理由は「いくつかの新しいオフィス・プロジェクトがあるから」である。

STEP 2 (C) reschedule（予定を変更する）がこの理由の説明に合致する。

re-（再び）＋ schedule（予定する）より。postpone や put off が類義語。

訳 ウィルマ・ドットソンは、いくつかの新しいオフィス・プロジェクトがあるので、サウジアラビアへの出張の予定を変更するかもしれない。

正解 (C)

頻出単語

- (A) **refund** [rifʌ́nd] 他 返金する 名 [ríːfʌnd] 返金
- (B) **reshuffle** [riːʃʌ́fl] 他（人員などを）入れ替える 名 入れ替え
- (C) **reschedule** [riːskédʒuːl] 他（約束などの日程を）再調整する；延期する
- (D) **renovate** [rénəvèit] 他 改装する；リフォームする

Q50 解答プロセス

STEP 1 eliminate most of its ------- consumption by becoming paperless（ペーパーレスにすることによって〜の消費のほとんどを削減する）という文脈。

STEP 2 ペーパーレスにして削減できるものなので、(D) stationery（文房具；事務用品）が最適である。

stationery は集合名詞なので数えられない。つづりの似た単語に stationary（静止した；止まっている）があるので注意。

訳 カデインソル・マニュファクチャリングは、ペーパーレスにすることによって文具類の消費のほとんどを削減できるかもしれない。

正解 (D)

頻出単語

- (A) **deposit** [dipázət] 名 預金；保証金；保管物 他 預金する；預ける
- (B) **patent** [pǽtnt] 名 特許；特許権［品］ patent royalty（特許使用料）
- (C) **material** [mətíəriəl] 名 素材；原材料
- (D) **stationery** [stéiʃənèri] 名 文房具；便せん

Q51

Tracey Bart expressed her ------- to coworkers for helping her solve a complex problem.

(A) gratitude
(B) ceremony
(C) willingness
(D) condolence

Q52

Tieton City Government encourages people to ------- through public transportation.

(A) board
(B) commute
(C) terminate
(D) carpool

800点レベル

Q51 解答プロセス

STEP 1 expressed her ------- to coworkers から「同僚たちに表明した」ものである。

STEP 2 for helping her solve a complex problem（複雑な問題を解決するのを手伝ってくれたとして）という理由を考慮すると、(A) gratitude（感謝）が最適である。

(!) thankfulness や appreciation が類義語。

訳 トレイシー・バートは、彼女が複雑な問題を解決するのを手伝ってくれたとして、同僚たちに感謝の意を伝えた。

正解 (A)

頻出単語

- □ (A) **gratitude** [grǽtətjùːd] 名 感謝の気持ち
- □ (B) **ceremony** [sérəməni] 名 式典；セレモニー
- □ (C) **willingness** [wíliŋnəs] 名 意志；進んでしようとする意欲
- □ (D) **condolence** [kəndóuləns] 名 お悔やみ；弔辞

Q52 解答プロセス

STEP 1 public transportation は「公共交通機関」の意味で、それを使ってどうするか。市政府（City Government）が勧めることでもある。

STEP 2 (B) commute は自動詞で「通勤する」の意味なので、この文脈にぴったり。(D) carpool は「車に相乗りする」の意味で、through public transportation と矛盾する。

(!) go to work が類義語。commute は名詞としても使える。

訳 タイトン市政府は市民に公共交通機関で通勤するように促している。

正解 (B)

頻出単語

- □ (A) **board** [bɔ́ːrd] 他 搭乗する
- □ (B) **commute** [kəmjúːt] 自 通勤する 名 通勤
- □ (C) **terminate** [tə́ːrmənèit] 他 終了する 自 終わる
- □ (D) **carpool** [káːrpùːl] 自 （自家用車に）相乗りする 名 車の相乗り

Q53

Wonder Home Co. shoppers can pay for furniture sets in single payments or monthly -------.

(A) dividends
(B) withdrawals
(C) deductions
(D) installments

Ⓐ Ⓑ Ⓒ Ⓓ

Q54

Staff at GreatNFast Pizza enjoy ------- above the industry wage average.

(A) coverage
(B) prosperity
(C) remuneration
(D) obligation

Ⓐ Ⓑ Ⓒ Ⓓ

800点レベル

Q53 解答プロセス

STEP 1 in single payments or monthly ------- という文脈で、single payments（一括払い）と monthly ------- が並列されているので、空所にも「支払い方法」を表す名詞が入ると推測できる。

STEP 2 (D) installments は「分割払い」の意味で、これが正解。

⚠️ 「分割払い」は複数回で行うので複数で使う。「一括払い」には one lump-sum payment という言い方もある。

訳 ワンダー・ホーム社の買い物客は、家具セットの支払いを一括払いか月次の分割払いで行うことができる。

正解 (D)

頻出単語

- (A) **dividend** [dívədènd]　名 配当（金）　an annual dividend（年間配当）
- (B) **withdrawal** [wiðdrɔ́ːəl]　名 （預金などの）引き出し；撤回；撤退
- (C) **deduction** [didʌ́kʃən]　名 控除；差し引き
- (D) **installment** [instɔ́ːlmənt]　名 分割払いの1回分；連載などの1回分

Q54 解答プロセス

STEP 1 enjoy ------- above the industry wage average（業界の賃金平均より高い～を得ている）という文脈。

STEP 2 above（～より上の）はここでは前後を比較する役割なので、空所にも wage（賃金）に近い単語が入る。(C) remuneration は「報酬」の意味で、これが正解。

⚠️ 「給与」に当たる言葉はほかにも、pay、payment、salary、compensation などがある。

訳 GreatNFast ピザの従業員は、業界の賃金平均より高額の報酬を得ている。

正解 (C)

頻出単語

- (A) **coverage** [kʌ́vərɪdʒ]　名 （保険などの）補償範囲；適用範囲
- (B) **prosperity** [prɑspérəti]　名 繁栄；好況
- (C) **remuneration** [rimjùːnəréiʃən]　名 給与；報酬
- (D) **obligation** [àbləɡéiʃən]　名 義務；責任

Q55

David Regev is a ------- executive who has worked at his firm for 18 years.

(A) former
(B) temporary
(C) dedicated
(D) revolutionary

Q56

Jailos Laboratories, Inc., does research and development on ------- products.

(A) fast-moving
(B) multinational
(C) duty-free
(D) pharmaceutical

800点レベル

Q55 解答プロセス

STEP 1 executive（経営幹部）を修飾する形容詞で、「彼の会社で18年間働いている」という文脈を考える。

STEP 2 (C) dedicated（献身的な）が最適。(A) former（前任の）を使うには定冠詞 the が必要で、すでに退任していることになるので who 以下も過去形でなければならない。

> dedicate（捧げる）の過去分詞。dedicate oneself to で「〜に専心する」。

訳 デイヴィッド・レゲヴは、彼の会社で18年間働いている献身的な経営幹部だ。

正解 (C)

頻出単語

- (A) **former** [fɔ́:rmər] 形 元の；先の　the former CEO（元 CEO）
- (B) **temporary** [témpərèri] 形 臨時の；一時的な　a temporary job（臨時の仕事）
- (C) **dedicated** [dédikèitid] 形 献身的な；ひたむきな
- (D) **revolutionary** [rèvəlú:ʃənèri] 形 革命的な；画期的な

Q56 解答プロセス

STEP 1 空所は products を修飾する。また、research and development on ------- products という文脈なので、research and development（研究・開発）の対象でなければならない。

STEP 2 (D) pharmaceutical（医薬品の）だけがしっくりと合う。

> 名詞として pharmaceuticals と複数にして「製薬会社」の意味でよく使う。pharmacy なら「薬局」。

訳 ジェイロス・ラボラトリーズ社は、医薬品の研究・開発を行う。

正解 (D)

頻出単語

- (A) **fast-moving** [fæ̀:st mú:viŋ] 形 動きの速い；よく売れる
- (B) **multinational** [mʌ̀ltinǽʃənl] 形 多国籍の　a multinational corporation（多国籍企業）
- (C) **duty-free** [djù:ti frí:] 形 免税の
- (D) **pharmaceutical** [fɑ̀:rməsú:tikəl] 形 医薬品の　名 医薬品

Q57

Gartnet Catering prepares unique ------- of customized meals that suit any social or business occasion.

(A) banquets
(B) invitations
(C) ovations
(D) refreshments

Q58

Silron International Airport announced new -------, such as free wireless Internet service.

(A) occasions
(B) amenities
(C) overviews
(D) accommodations

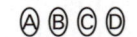

800点レベル

Q57 解答プロセス

STEP 1 unique ------- of customized meals は「特注料理によるユニークな〜」という意味。

STEP 2 また、空所の語は that 以下で、「どんな社交イベントやビジネス・イベントにも合う」と説明されている。(A) banquets（宴会）が最適。

> banquet はスピーチや乾杯を伴う公式の宴席のこと。似た単語に reception がある。

訳 ガートネット・ケータリングは、どんな社交イベントやビジネス・イベントにも合う特注料理によるユニークな宴会を用意します。　　**正解 (A)**

頻出単語
- (A) **banquet** [bǽŋkwit] 名 宴会；祝宴
- (B) **invitation** [ìnvətéiʃən] 名 招待（状）
- (C) **ovation** [ouvéiʃən] 名 拍手喝采
  　　a standing ovation（総立ちでの拍手喝采）
- (D) **refreshment** [rifréʃmənt] 名 軽い飲食物

Q58 解答プロセス

STEP 1 空港当局が発表した新しいもので、その例が such as 以下にある free wireless Internet service（無料のワイヤレス・インターネットサービス）。

STEP 2 (B) amenities は「快適で便利な設備」のことで、これがぴったり。(D) accommodations は「宿泊施設」で such as 以下とつながらない。

> アメニティとカタカナにもなっている。amenity は「快適さ；心地よさ」という状態も表現できる。

訳 シルロン国際空港は、無料のワイヤレス・インターネットサービスなどの新しい設備を発表した。　　**正解 (B)**

頻出単語
- (A) **occasion** [əkéiʒən] 名 行事；祭典；機会
- (B) **amenity** [əménəti] 名 快適で便利な設備；アメニティ
- (C) **overview** [óuvərvjù:] 名 概要；要約
  　　an economic overview（経済の概観）
- (D) **accommodation** [əkɑ̀mədéiʃən] 名 （通例、複数）宿泊施設；収容能力

Q59

Biw Theatre audience members are asked to turn off their mobile phones for the ------- of any performance.

(A) duration
(B) disruption
(C) destination
(D) differentiation

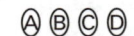

Q60

Being a cashier, Christopher Planck goes through dozens of customer ------- daily.

(A) presentations
(B) descriptions
(C) salutations
(D) transactions

800点レベル

Q59 解答プロセス

STEP 1 for の前までは「劇場の観客が携帯電話のスイッチを切る」で、for the ------- of any performance は「上演の〜間」の意味。

STEP 2 (A) duration（継続時間）を入れると「上演の続いている間」となり、文意が通る。

> duration はイベントの継続時間や飛行機の運行時間などを指すのに使う。

訳 ビウ劇場の観客は、上演が続いている間は携帯電話のスイッチを切るように求められる。

正解 (A)

頻出単語

- (A) **duration** [djuréiʃən] 名 継続時間
- (B) **disruption** [disrʌ́pʃən] 名 途絶；遮断
  flight disruptions（フライトの欠航）
- (C) **destination** [dèstənéiʃən] 名 目的地
- (D) **differentiation** [dìfərenʃiéiʃən] 名 差別化

Q60 解答プロセス

STEP 1 goes through dozens of customer ------- daily（毎日、数十の顧客の〜を扱う）という文脈。また、Being a cashier から「レジ係」の仕事で扱うものである。

STEP 2 customer との結びつきからも、(D) transactions（取引）が最適。

> property transactions（不動産取引）、online transactions（ネット取引）など、さまざまな取引に使う。動詞は transact（取引をする）。

訳 クリストファー・ブランクはレジ係をしていて、毎日数十人の客の取引を扱う。

正解 (D)

頻出単語

- (A) **presentation** [prèzəntéiʃən] 名 発表；プレゼンテーション
- (B) **description** [diskrípʃən] 名 描写；説明
  a job description（職務内容説明書）
- (C) **salutation** [sæ̀ljutéiʃən] 名 挨拶（言葉）
- (D) **transaction** [trænzǽkʃən] 名 取引

Q61

Lyle Clayton has written an impressive ------- of songs, some of which are award-winning.

(A) repertoire
(B) instrument
(C) legislation
(D) performance

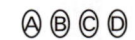

Q62

The Semi-Annual Digital Technologies Symposium was held in the Zalks University main -------.

(A) overpass
(B) sidewalk
(C) entrée
(D) auditorium

800点レベル

Q61 解答プロセス

STEP 1 an impressive ------- of songs から、空所には songs（歌）を集合的にまとめる名詞が入る。

STEP 2 (A) repertoire（レパートリー）を入れれば、「魅力的な歌のレパートリー」となり、文意が通る。

> 類義語は collection や stock だが、repertoire は音楽・美術・演劇などの分野でよく使う。

訳 ライル・クレイトンは魅力的な歌の数々を書いてきて、その中のいくつかは賞を獲得している。

正解 (A)

頻出単語

- (A) **repertoire** [répərtwà:r] 名（上演できる）演目・曲；レパートリー
- (B) **instrument** [ínstrəmənt] 名 器具；楽器
  music instruments（楽器）
- (C) **legislation** [lèdʒisléiʃən] 名 立法；法律
- (D) **performance** [pərfɔ́:rməns] 名 上演；公演；演奏

Q62 解答プロセス

STEP 1 Symposium（シンポジウム）が行われた場所が in the Zalks University main -------（ザルクス大学のメインの〜の中）である。

STEP 2 大学の中の施設でシンポジウムが行える場所なので、(D) auditorium（講堂）が正解。

> auditorium の接頭辞は audi-（聞く）であり、大勢の聴衆（audience）が集まるホールや建物、劇場を指す。

訳 年2回のデジタル技術シンポジウムは、ザルクス大学の大講堂で開催された。

正解 (D)

頻出単語

- (A) **overpass** [óuvərpæs] 名 陸橋；歩道橋
- (B) **sidewalk** [sáidwɔ̀:k] 名 歩道
- (C) **entrée** [ántrei] 名 主菜；メインディッシュ
- (D) **auditorium** [ɔ̀:ditɔ́:riəm] 名（劇場・ホールの）観客席；講堂；公会堂

Q63

Carrie Woodside painted several great works, including the ------- *Standing by the Lake*.

(A) excursion
(B) flashlight
(C) masterpiece
(D) recommendation

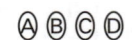

Q64

The ------- *Robotics & Invention* covers business and academic advances in the field.

(A) excerpt
(B) periodical
(C) manuscript
(D) subscription

800点レベル

Q63 解答プロセス

STEP 1 including the ------- *Standing by the Lake* は、great works（大作）にかかっている。それらは描いた（painted）ものなので、絵画作品である。

STEP 2 空所には絵画作品の大作の中で特に際立ったものを指す言葉が入る。ここから、(C) masterpiece（傑作）が選べる。

> tour de force（力作）という言い方もある。

訳 キャリー・ウッドサイドは、傑作の『湖岸に佇む』を含むいくつかの大作を描いた。

正解 (C)

頻出単語

- (A) **excursion** [ikskə́ːrʒən] 名 小旅行；遠足
- (B) **flashlight** [flǽʃlàit] 名 懐中電灯
- (C) **masterpiece** [mǽstərpìːs] 名 傑作
- (D) **recommendation** [rèkəmendéiʃən] 名 推薦；お勧め料理

Q64 解答プロセス

STEP 1 *Robotics & Invention* は、動詞 covers（扱う；〜を対象とする）からも雑誌か新聞である。空所は *Robotics & Invention* と同格になっているので、雑誌・新聞に近い言葉を探す。

STEP 2 (B) periodical は「定期刊行物」という意味なので、これが正解となる。

> daily（日刊紙）、weekly（週刊誌）、monthly（月刊誌）、quarterly（季刊誌）もチェックしておこう。

訳 『ロボティクス・アンド・インベンション』誌は、その業界のビジネス面と学術面の進歩を扱う。

正解 (B)

頻出単語

- (A) **excerpt** [éksəːrpt] 名 抜粋；抄録
- (B) **periodical** [pìəriɑ́dikəl] 名 定期刊行物 形 定期（刊行）の
- (C) **manuscript** [mǽnjəskript] 名 原稿
- (D) **subscription** [səbskrípʃən] 名 定期購読；（ネットなどの）加入

Q65

Eiavan School of Business offers several scholarships that cover ------- as well as room and board.

(A) tuition
(B) stitch
(C) attorney
(D) stature

Q66

A bridge for ------- was built over Highway 16, enabling people to cross safely.

(A) surgeons
(B) florists
(C) tutors
(D) pedestrians

800点レベル

Q65 解答プロセス

STEP 1 scholarships は「奨学金」のことで、それがまかなう (cover) ものが何かを考える。

STEP 2 as well as を介して room and board (部屋と食事) と並列されていることもヒントになる。(A) tuition (授業料) が正解。

> tuition は「指導；教授」の意味でも使う。private tuition in German (ドイツ語の個人授業)

訳 エイアヴァン・ビジネススクールは、授業料とともに部屋と食事の費用もまかなう、いくつかの奨学金を提供している。

正解 (A)

頻出単語

- (A) **tuition** [tjuːíʃən] 名 授業料；指導
- (B) **stitch** [stítʃ] 名 縫い目；編み目
- (C) **attorney** [ətə́ːrni] 名 弁護士
- (D) **stature** [stǽtʃər] 名 身長；背丈

Q66 解答プロセス

STEP 1 選択肢はすべて人を表す名詞だが、ここでは A bridge for ------- という文脈。

STEP 2 また、橋が架けられたことで、人々が安全に渡れるようになった (enabling people to cross safely) わけなので、A bridge for ------- は「歩道橋」になると見当がつく。(D) pedestrians (歩行者) が正解。

> pedestrian mall で「歩行者天国 (米国)」。英国用法は precinct。
> pedestrian crossing で「横断歩道 (英国)」。米国用法は crosswalk。

訳 ハイウェー 16 号線には歩道橋が架けられ、人々は安全に渡れるようになった。

正解 (D)

頻出単語

- (A) **surgeon** [sə́ːrdʒən] 名 外科医
- (B) **florist** [flɔ́ːrist] 名 花屋
- (C) **tutor** [tjúːtər] 名 個人指導教授；家庭教師
- (D) **pedestrian** [pədéstriən] 名 歩行者 形 歩行者の

Q67

The Aaliyah Office Tower in Kuwait City is 72 ------- high and houses over 130 companies.

(A) racks
(B) stories
(C) blocks
(D) skylines

Q68

Dr. Parnad Mukherjee wrote a ------- for strong pain relief medicine.

(A) medication
(B) vaccination
(C) prescription
(D) hospitalization

800点レベル

Q67 解答プロセス

STEP 1 The Aaliyah Office Tower というタワービルが主語で、それが 72 ------- high という文脈。

STEP 2 72 は階数で空所には「階」を表す言葉が入ると推測できる。(B) stories は「階数」の意味があるのでこれが正解。

> story は建物の外観（何階か）を表すのに使い、floor は各階の中身を表現するのに使う。

訳 クウェート市のアーリヤ・オフィスタワーは 72 階建てで、130 社以上が入居する。

正解 (B)

頻出単語

- (A) **rack** [rǽk]　名 棚；ラック
- (B) **story** [stɔ́:ri]　名 階
- (C) **block** [blák]　名 街区；ブロック
- (D) **skyline** [skáilain]　名 スカイライン；空を背景にしたビル群の輪郭

Q68 解答プロセス

STEP 1 選択肢には医療関係の名詞が並ぶが、この文では wrote a ------- とあることから書くことができるものでなければならない。

STEP 2 for 以下も見ると medicine（薬）のためのものである。(C) prescription には「処方箋」という意味があるので、これが正解。

> fill a prescription（処方箋を調合する；調剤する）も覚えておきたい。ちなみに、prescription は法律関連で使えば「時効」である。

訳 パーナッド・ムカージー博士は、効力の強い鎮痛薬の処方箋を書いた。

正解 (C)

頻出単語

- (A) **medication** [mèdəkéiʃən]　名 薬；薬物治療
- (B) **vaccination** [væksənéiʃən]　名 予防接種
- (C) **prescription** [priskrípʃən]　名 処方（箋）；規定；（法律の）時効
- (D) **hospitalization** [hɑ̀spitəlizéiʃən]　名 入院

Q69

The Jewltoi Shopping Mall Food Court offers ------- from Mexico, Ethiopia, China and other nations.

(A) fare
(B) gust
(C) bush
(D) dose

Q70

Guests coming to the Summtor Jazz Quartet concert must wear formal -------, such as suits or gowns.

(A) gem
(B) attire
(C) purse
(D) textile

800点レベル

Q69 解答プロセス

STEP 1 Food Court（フードコート）が提供するもので、from Mexico, Ethiopia, China and other nations とさまざまな国が示されているので、空所には料理に類する言葉が入ると推測できる。

STEP 2 (A) fare には「料理」の意味があるので、これが正解。

> fare は多義語で他にも「（交通機関の）運賃」「娯楽作品」の意味がある。

訳 ジュールトイ・ショッピングモールのフードコートは、メキシコ、エチオピア、中国、その他の国々の食事を提供する。

正解 (A)

頻出単語

- □ (A) **fare** [féər] 名 料理；運賃；娯楽作品
- □ (B) **gust** [gʌ́st] 名 突風 自 突風が吹く
- □ (C) **bush** [búʃ] 名 低木の茂み
- □ (D) **dose** [dóus] 名 （薬の）服用；1回の服用量
  a dose of cold medicine（1回分の風邪薬）

Q70 解答プロセス

STEP 1 wear formal -------（フォーマルな〜を着る）から空所には服装関連の言葉が入ると見当がつく。

STEP 2 また、such as 以下に例として、suits or gowns（スーツやドレス）が示されているのもヒントになる。(B) attire は「服装」の意味でこれが正解。

> attire は「装い」のことを表し、「服」そのものは clothes である。

訳 サムター・ジャズカルテットのコンサートにお越しのお客様は、スーツやドレスなどの正装をしていただかないといけません。

正解 (B)

頻出単語

- □ (A) **gem** [dʒém] 名 宝飾品
- □ (B) **attire** [ətáiər] 名 服装；正装
- □ (C) **purse** [pə́:rs] 名 （米）ハンドバッグ；（英）財布
- □ (D) **textile** [tékstail] 名 繊維製品；織物

Q71

------- October 1, the Ioston Ferry will operate an additional ship to carry passengers across Lake Cunnwell.

(A) As of
(B) By chance
(C) Now that
(D) Above all

Q72

Jelti Grain Co. ------- international standards on agribusinesses.

(A) comes across
(B) carries over
(C) cares for
(D) complies with

800点レベル

Q71 解答プロセス

STEP 1 フェリーが1便増発する「期日」が October 1 だと考えられる。
STEP 2 「期日」を示す前置詞句は (A) As of（～付けで）である。(C) Now that（今や～なので）は節を導く。

> as of now で「今現在」、as of this writing で「現執筆時点で」。

訳 10月1日付けで、アイオストン・フェリーは、カンウェル湖を渡って乗客を運ぶフェリーをもう1便増発する。

正解 (A)

頻出熟語
- (A) **as of** ～付で；～時点で
- (B) **by chance** 偶然に；期せずして
- (C) **now that** 今や～なので
- (D) **above all** とりわけ；何にもまして

Q72 解答プロセス

STEP 1 international standards は「国際規準」の意味。ルールの一種なので、国際規準を「守っている」としなければならない。
STEP 2 comply with は「（法律・規則を）守る」という意味なので、(D) が正解。

> compliance は「法令遵守；コンプライアンス」、in compliance with で「～を遵守して」。

訳 ジェルティ穀物社は農業ビジネスの国際規準を守っている。

正解 (D)

頻出熟語
- (A) **come across** ～に偶然出会う
- (B) **carry over** ～を繰り越す；～を持ち越す
- (C) **care for** ～を好む；～の世話をする
- (D) **comply with** ～を遵守する；～に準拠する

Q73

Raksranal Leather Co. ------- its high prices by selling only luxurious items.

(A) figures out
(B) goes without
(C) hands in
(D) compensates for

Q74

Havelar Modern Art Museum may ------- its 3-month membership program but keep its 12-month one.

(A) cope with
(B) do away with
(C) pay off
(D) run short of

800点レベル

Q73 解答プロセス

STEP 1 高級品だけを販売する（selling only luxurious items）ことによって、高価格（high prices）をどうするかを考える。

STEP 2 (D) compensate for は「～を埋め合わせる；～を補う」という意味なので、これを入れると文意が通る。

❗ make up for も同意。名詞の compensation は「補償（金）；報酬」の意味。

訳 ラクスラナル・レザー社は、高級品だけを販売することで高価格の埋め合わせをしている。

正解 (D)

頻出熟語
- (A) **figure out** ～を考え出す；～を解決する
- (B) **go without** ～なしで済ませる
- (C) **hand in** ～を提出する；～を手渡す
- (D) **compensate for** ～を補償する；～を埋め合わせる

Q74 解答プロセス

STEP 1 逆接の接続詞 but に注目すると、------- its 3-month membership program と keep its 12-month one は逆の意味の動詞でなければならない。

STEP 2 後ろのほうの動詞は keep（維持する）なので、前のほうの動詞は (B) do away with（～を廃止する）が適切である。

❗ abolish や terminate が類義語。

訳 ハヴラー現代美術館は期間3カ月の会員プログラムを廃止して、12カ月のプログラムは維持することになるかもしれない。

正解 (B)

頻出熟語
- (A) **cope with** ～に対処する；～を切り抜ける
- (B) **do away with** ～を廃止する
- (C) **pay off** 報われる；元がとれる；完済する
- (D) **run short of** ～を使い切る；～が不足する

Q75

Ga-in Joo ------- apply for government research funds, since she is still gathering necessary documents.

(A) has yet to
(B) is anxious to
(C) proves to
(D) is poised to

Q76

Esten Stores never takes its shoppers -------, as its staff always offers helpful and friendly service.

(A) in mind
(B) for granted
(C) into account
(D) seriously

800点レベル

Q75 解答プロセス

STEP 1 since 以下は「まだ彼女は必要な書類を集めているところなので」。したがって、apply for government research funds（政府の研究基金に応募する）こともまだのはず。

STEP 2 have yet to do で「～することをまだしていない」の意味になるので (A) が正解である。

> have to に yet を挿入した表現。「これから～しなければならない」ということ。

訳 ガーイン・ジューは今も必要な書類を集めているところなので、政府の研究基金にまだ応募していない。

正解 (A)

頻出熟語

- □ (A) **have yet to do**　まだ～していない
- □ (B) **be anxious to do**　～することを切望する
- □ (C) **prove to be**　～であることがわかる
- □ (D) **be poised to do**　～の用意ができている

Q76 解答プロセス

STEP 1 従属節は「そのスタッフはいつも親切で親しみのあるサービスを提供するように」なので、主節は「its shoppers（買い物客）を大切にする」という意味にしなければならない。

STEP 2 take ～ for granted で「～を当然のことと考える」なので、(B) を選べば「買い物客を当然のこととは決して考えない＝買い物客を大切にする」となり文意が通る。動詞の grant は「認める」の意味。

> take it for granted that ～で後ろに節を続けられる。

訳 エステン・ストアズは買い物客が訪れるのを当然のこととは考えず、スタッフはいつも親切で親しみのあるサービスを提供する。

正解 (B)

頻出熟語

- □ (A) **keep ～ in mind**　～を考慮する；～を念頭に置く
- □ (B) **take ～ for granted**　～を当然［真実・妥当］だと思う
- □ (C) **take ～ into account**　～を考慮に入れる；～に気を配る
- □ (D) **take ～ seriously**　～を真剣に考える

Q77

Ulan Community Center invites everyone to attend its career fair, ------- educational background.

(A) prior to
(B) every other
(C) let alone
(D) regardless of

Q78

Isabella Rivera ------- her supervisor's duties while he was out sick.

(A) counted on
(B) took over
(C) called for
(D) reported to

800点レベル

Q77 解答プロセス

STEP 1 invites everyone to attend its career fair は「すべての人に求職フェアに参加することを勧める」なので、educational background（学歴）も関係ないはずである。

STEP 2 (D) regardless of は「〜にかかわりなく」と後続の言葉を否定できるので、これが正解。

> regardless は単独で副詞として、「それにもかかわらず；それでもなお」という意味のつなぎ言葉として使える。

訳 ウーラン・コミュニティセンターは、学歴にかかわらず、すべての人に求職フェアに参加することを勧めている。

正解 (D)

頻出熟語
- (A) **prior to** 〜より前に
- (B) **every other** 1つおきの
- (C) **let alone** 〜は言うまでもなく；〜はおろか
- (D) **regardless of** 〜にもかかわらず

Q78 解答プロセス

STEP 1 while he was out sick は「彼が病気で休んでいる間」。その間に her supervisor's duties（彼女の上司の仕事）をどうしたかを考える。

STEP 2 (B) took over は「引き継いだ」という意味なので、これが文脈に合う。

> take over には「引き継ぐ」の他に、「（会社を）買収する」「（権利などを）奪取する」の意味がある。

訳 イサベラ・リヴェラは、上司が病気で休んでいる間、彼の仕事を引き継いだ。

正解 (B)

頻出熟語
- (A) **count on** 〜を当てにする；〜に頼る
- (B) **take over** 〜を引き継ぐ；〜を買収する
- (C) **call for** 〜を要求する；〜を必要とする
- (D) **report to** 〜に直属する；〜に報告義務がある

Q79

Milo Saunders ------- his company vacation days to travel overseas.

(A) took advantage of
(B) looked up to
(C) put up with
(D) signed up for

Ⓐ Ⓑ Ⓒ Ⓓ

Q80

Regina Pegg ------- a job offer because it was in another province.

(A) let down
(B) phased out
(C) turned down
(D) pulled over

Ⓐ Ⓑ Ⓒ Ⓓ

800点レベル

Q79　解答プロセス

STEP 1　海外旅行に出かけるために、会社の休暇日（company vacation days）をどうしたかを考える。

STEP 2　take advantage of で「~を利用する」という意味なので、(A) が正解となる。

> 「~につけこむ」という悪い意味でも使える。take advantage of her kindness（彼女の親切心につけこむ）

訳　マイロ・サウンダーズは会社の休日を利用して、海外旅行に出かけた。

正解 (A)

頻出熟語

- (A) **take advantage of**　~をうまく利用する；~につけこむ
- (B) **look up to**　~を尊敬する
- (C) **put up with**　~に我慢する；~に耐える
- (D) **sign up for**　~に登録する；~に契約する

Q80　解答プロセス

STEP 1　because it was in another province は「それが他の州のものだったので」。

STEP 2　この理由で a job offer（仕事のオファー）をどうしたかを考えると、「断った」と推測できる。(C) turned down（~を断った）が正解となる。

> turn down には「断る」の他に、「（音量・出力などを）下げる」の意味もある。

訳　レジーナ・ペッグは、それが他の州のものだったので、仕事のオファーを断った。

正解 (C)

頻出熟語

- (A) **let down**　~を失望させる；~を下げる
- (B) **phase out**　~を段階的に廃止する
- (C) **turn down**　~を断る；~を却下する；（音量などを）下げる
- (D) **pull over**　（車を）停車する；路肩に寄せる

TOEIC 英単語のヒント②
定型的な結びつきに注目する

　TOEICでは、単語と単語の定型的な結びつきが解答に役立つことがあります。これらはビジネスでよく使う表現でもあるので、重要なものを覚えておくと便利です。

(動詞 + 目的語)

assume a position	職位に就く
file a complaint [claim]	苦情を申し立てる
hold a meeting	会議を開く
make progress [advance]	進歩する
meet a deadline	締め切りを守る
pay attention	注意を払う
place an order	注文する
raise money [capital]	資金［資本］を調達する
strike [land / make] a deal	取引をまとめる
take effect	効力を発揮する

(名詞 + 名詞)

job offer（求人）　　　　track record（職歴）
loyalty card（お客様カード）　office supplies（事務用品）

(形容詞 + 名詞)

raw material（原材料）　　competitive edge（競争力）
global reach（国際展開）　immediate supervisor（直属の上司）

(名詞 and 名詞)

research and development（研究・開発）
merger and acquisition（吸収・合併）

Chapter 3

900点レベル
チャレンジしよう

- 動詞 ……………………… 176
- 形容詞・副詞 …………… 190
- 名詞 ……………………… 206
- ビジネス語 ……………… 220
- 生活語 …………………… 236
- イディオム ……………… 246

Q1

Travelers who cancel or change tickets on Raston Airlines will ------- a $75 fee.

(A) incur
(B) earn
(C) retain
(D) settle

Ⓐ Ⓑ Ⓒ Ⓓ

Q2

Ann Heisenberg ------- that there will be enough staff for the holiday work shifts, although she is still waiting for confirmation from the human resources department.

(A) flatters
(B) assumes
(C) pursues
(D) imposes

Ⓐ Ⓑ Ⓒ Ⓓ

900点レベル

Q1 解答プロセス

STEP 1 will ------- a $75 fee は「75ドルの料金を〜」。航空券をキャンセルまたは変更する旅行者(Travelers who cancel or change tickets)がその料金をどうするかを考える。

STEP 2 (A) incur には「(出費を)負う」という意味があるので、これが正解。

> 原意は「行為の結果の責任を負う」。incur responsibility(責任を負う)

訳 ラストン航空の航空券をキャンセルまたは変更する旅行者には75ドルの料金の支払いが生じる。

正解 (A)

頻出単語

- (A) **incur** [inkə́:r] 他 被る；負担する
- (B) **earn** [ə́:rn] 他 稼ぐ；収益をあげる
- (C) **retain** [ritéin] 他 保持する；留保する；雇っておく
  retain excellent employees(優秀な社員を確保しておく)
- (D) **settle** [sétl] 他 (問題などを)解決する 自 居[宿]を定める

Q2 解答プロセス

STEP 1 空所には that 節を導く動詞が入る。ここから、まず (C) pursues(追求する)と (D) imposes(課する)を外せる。

STEP 2 その that 節は「休日の交替勤務のスタッフは十分に足りている」、後半の従属節は「まだ人事部からの確認を待っているところだが」。(B) assumes(想定する)が文脈に合う。

> assume full responsibility(全責任を負う)のように「(仕事・責任などを)引き受ける」の意味でも使う。

訳 アン・ヘイゼンバーグは、まだ人事部からの確認を待っているところだが、休日の交替勤務のスタッフは十分に足りていると想定している。

正解 (B)

頻出単語

- (A) **flatter** [flǽtər] 他 お世辞を言う；おだてる
- (B) **assume** [əsúːm] 他 仮定する；(仕事・責任などを)引き受ける
- (C) **pursue** [pərsúː] 他 探求する；〜の後を追う
- (D) **impose** [impóuz] 他 (税金・義務などを)課す；無理強いする

Q3

The Canway Paint Co. board of directors ------- the downsizing plan after establishing its feasibility.

(A) converted
(B) waived
(C) endorsed
(D) revoked

Ⓐ Ⓑ Ⓒ Ⓓ

Q4

Frank Yang was ------- for his driving expenses to see a client in another state.

(A) sealed
(B) transmitted
(C) compelled
(D) reimbursed

Ⓐ Ⓑ Ⓒ Ⓓ

900点レベル

Q3 解答プロセス

STEP 1 その実現性を確認した後（after establishing its feasibility）なので、合理化計画（the downsizing plan）を承認したはずだと想定できる。
STEP 2 (C) endorsed（承認した）が正解。

> endorse は implement（実行する）と同じく、ビジネスでよく使うオフィシャルな響きの語。

訳 キャンウェイ・ペイント社の取締役会は、その実現性を確認した後で合理化計画を承認した。

正解 (C)

頻出単語

- (A) **convert** [kənvə́:rt] 他 転換する 名 転換
  convert A to B（AをBに転換する）
- (B) **waive** [wéiv] 他（権利などを）放棄する；（法律などを）適用しない
- (C) **endorse** [indɔ́:rs] 他 承認する；支持する；（小切手に）裏書きする
- (D) **revoke** [rivóuk] 他 取り消す；無効にする
  revoke a license（免許を取り消す）

Q4 解答プロセス

STEP 1 for 以下に「他の州のクライアントに会いに行った交通費」とある。
STEP 2 交通費がどうされたかと考えると、(D) reimbursed を選び、「払い戻された」とすべき。

> 名詞の reimbursement（払い戻し；出金）もよく使うので覚えておきたい。

訳 フランク・ヤンは、他の州のクライアントに会いに行った交通費を出金してもらった。

正解 (D)

頻出単語

- (A) **seal** [sí:l] 他 封印する；調印する　seal a deal（契約を結ぶ）
- (B) **transmit** [trænsmít | trænz-] 他 送付する；送金する；送信する
- (C) **compel** [kəmpél] 他 強いて～させる；強要する
  be compelled to do（～せざるをえない）
- (D) **reimburse** [rì:imbə́:rs] 他（立て替えた金額を）払い戻す；返済する

Q5

Trankor Events Co. ------- conferences through taking charge of their organizational and promotional aspects.

(A) asserts
(B) stresses
(C) facilitates
(D) interacts

Q6

Nicki Goldman ------- enough store reward points to receive a free gift card.

(A) bundled
(B) reflected
(C) classified
(D) accumulated

900点レベル

Q5 解答プロセス

STEP 1 目的語は conferences（会議）で、会議に合う動詞を考える。
STEP 2 文の後半の through taking charge of their organizational and promotional aspects（手配とプロモーションに関する業務を引き受けることによって）もヒントになる。(C) facilitates（円滑に運営する）が適切。

> facilitator は「進行役；司会；世話役」の意味。

訳 トランコー・イベンツ社は、手配とプロモーションに関する業務を引き受けることによって、会議を円滑に運営する。

正解 (C)

頻出単語

- (A) **assert** [əsə́ːrt] 他 断言する；はっきり述べる
  assert one's rights（自分の権利を主張する）
- (B) **stress** [strés] 他 強調する；重点を置く 名 緊張；圧迫
- (C) **facilitate** [fəsílətèit] 他 円滑に運営する；促進する
- (D) **interact** [ìntərǽkt] 自 相互に作用する；交流し合う（with ～）

Q6 解答プロセス

STEP 1 enough store reward points（十分な店の特典ポイント）をどうしたかを考える。
STEP 2 (D) accumulated（集めた）が最適である。(A) の bundle は「詰め込む」「厚着をする」という意味で使うので、ここでは不適。

> accumulate は「モノを集める」だけでなく「情報や財産を蓄積する」という意味でも使える。accumulate a fund（資金を集める）

訳 ニッキ・ゴールドマンは、無料のギフトカードがもらえるのに十分な店の特典ポイントを集めた。

正解 (D)

頻出単語

- (A) **bundle** [bʌ́ndl] 他 詰める；(ソフトなどを) 無料で添付する
- (B) **reflect** [riflékt] 他 反映する；反射する；熟考する
- (C) **classify** [klǽsəfài] 他 分類する；区別する；機密扱いとする
  classified information（機密情報）
- (D) **accumulate** [əkjúːmjulèit] 他 蓄積する；積み重ねる

Q7

Despite early development problems, the Stanton Aeronautics R&D section has ------- in developing revolutionary air and space technologies.

(A) absorbed
(B) persisted
(C) inherited
(D) browsed

Q8

Nadia Taranu could ------- the cost of the recently installed photocopier from her departmental budget.

(A) deduct
(B) emerge
(C) thrive
(D) restore

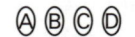

900点レベル

Q7 解答プロセス

STEP 1 空所の次に in があるので、in と結びつく自動詞を考える。文脈的には「開発初期に問題があったにもかかわらず」とあるので、developing（開発すること）を続けたはずである。

STEP 2 persist in は「〜を持続する；〜を貫く」という意味なので、(B) が正解。

> 形容詞の persistent（ねばり強い；継続している）も重要語。

訳 スタントン・エアロノーティクスの研究開発部門は、開発初期に問題があったが、画期的な航空宇宙技術の開発を継続した。

正解 (B)

頻出単語

- (A) **absorb** [æbsɔ́ːrb | æbzɔ́ːrb] 他 吸収する；夢中にさせる
- (B) **persist** [pərsíst] 自 持続する・(自分の考えに) 固執する (in 〜)
- (C) **inherit** [inhérit] 他 引き継ぐ；(財産・遺伝などを) 受け継ぐ
- (D) **browse** [bráuz] 自 (店で商品を) 見て回る；(ネットを) 閲覧する

Q8 解答プロセス

STEP 1 from に注目して、最近設置したコピー機の費用（the cost of the recently installed photocopier）を彼女の部門の予算（her departmental budget）からどうできたのか考える。

STEP 2 (A) deduct は「(全体から) 差し引く」の意味なので、これが正解。

> 名詞は deduction（差し引き；控除）、形容詞は deductible（差し引ける；控除できる）。

訳 ナディア・タラヌは、最近設置したコピー機の費用を部門予算から落とすことができた。

正解 (A)

頻出単語

- (A) **deduct** [didʎkt] 他 (お金などを) 差し引く；控除する
- (B) **emerge** [imɔ́ːrdʒ] 自 現れる；明らかになる
  an emerging market（新興市場）
- (C) **thrive** [θráiv] 自 繁栄する；成功する；(植物が) 繁茂する
- (D) **restore** [ristɔ́ːr] 他 回復する；修復する
  restore a relationship（関係を修復する）

Q9

SuperGreatBuy.com will ------- online orders for an additional fee, with items guaranteed to arrive overnight.

(A) detect
(B) prescribe
(C) expedite
(D) restrict

Q10

Special crews will ------- the TRT Radio Building, in preparation for an office complex to be built on that site.

(A) expose
(B) surround
(C) demolish
(D) integrate

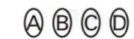

900点レベル

Q9 解答プロセス

STEP 1 ------- online orders for an additional fee(追加料金でオンライン注文を~する)という文脈。

STEP 2 カンマ以降の with items guaranteed to arrive overnight(製品の翌日配送を保証して)も踏まえれば、(C) expedite(促進する)が最適。

> speed up や accelerate などが類義語。

訳 SuperGreatBuy.com は、追加料金を払えばオンライン注文を迅速に処理し、商品の翌日配送を保証してくれる。

正解 (C)

頻出単語

- (A) **detect** [ditékt] 他(問題点などを)発見する;検出する
- (B) **prescribe** [priskráib] 他処方する;規定する
  prescribe provisional measures(暫定措置を決める)
- (C) **expedite** [ékspədàit] 他早める;促進する
- (D) **restrict** [ristríkt] 他制約する;制限する

Q10 解答プロセス

STEP 1 the TRT Radio Building という建物をどうするか。

STEP 2 カンマ以降の in preparation for an office complex to be built on that site(その敷地に複合オフィスビルを建設する準備をして)という文脈から、(C) demolish(解体する)が正解。

> tear down や raze が類義語。名詞は demolition(解体)。

訳 その敷地に複合オフィスビルを建設する準備をするために、特別な作業員が TRT ラジオ・ビルを解体する。

正解 (C)

頻出単語

- (A) **expose** [ikspóuz] 他~にさらす;露出する;露光する
- (B) **surround** [səráund] 他囲む;包囲する
  the surrounding area(近隣地域)
- (C) **demolish** [dimáliʃ] 他取り壊す;破壊する
- (D) **integrate** [íntəgrèit] 他統合する;溶け込ませる

Q11

Volpair Semiconductors ------- its growing success to the outstanding quality and reliability of its products.

(A) institutes
(B) tolerates
(C) deteriorates
(D) attributes

Ⓐ Ⓑ Ⓒ Ⓓ

Q12

Wasto Toy Co. felt that opening a new distribution center would ------- pressure on their current logistics chain.

(A) generate
(B) confiscate
(C) evacuate
(D) alleviate

Ⓐ Ⓑ Ⓒ Ⓓ

900点レベル

Q11 解答プロセス

STEP 1 目的語の its growing success（成長発展すること）が to を介して後ろの the outstanding quality and reliability of its products（その製品の傑出した品質と信頼性）につながっている。

STEP 2 意味的には、後者が前者の原因となっている。〈attribute A to B〉は「A という結果を B の原因に帰する」という意味なので (D) が正解。

> ascribe A to B でも同じ意味を表せる。

訳 ヴォルペア・セミコンダクターズが成長発展したのは、その製品の傑出した品質と信頼性のおかげだ。

正解 (D)

頻出単語
- (A) **institute** [ínstətjùːt] 他 （団体・規則などを）設ける；（事業を）始める
- (B) **tolerate** [tálərèit] 他 許容する；我慢する
- (C) **deteriorate** [ditíəriərèit] 自 悪化する 他 悪化させる
- (D) **attribute** [ətríbjuːt] 他 （〜を to 以下に）帰する；（〜を to 以下の）せいにする

Q12 解答プロセス

STEP 1 「新しい配送センターを開設すること（opening a new distribution center）」が「現在の物流網にかかる負荷（pressure on their current logistics chain）」をどうするか。

STEP 2 当然、物流網の負荷を軽減するはず。(D) alleviate（緩和する）が正解となる。

> 「苦痛や負荷、厳しさを和らげる」という意味で使う。ease や relieve が類義語。

訳 ワスト・トイ社は、新しい配送センターを開設することで現在の物流網にかかる負荷を緩和できるだろうと考えた。

正解 (D)

頻出単語
- (A) **generate** [dʒénərèit] 他 作り出す；発生させる
- (B) **confiscate** [kánfəskèit] 他 押収する；没収する
- (C) **evacuate** [ivǽkjuèit] 他 避難させる；立ち退かせる 自 避難する
- (D) **alleviate** [əlíːvièit] 他 （苦痛などを）軽くする；（問題を）解決する

Q13

Laiter Software Security Co. ------- its top programmers to develop a groundbreaking anti-virus software.

(A) tapped
(B) enacted
(C) tailored
(D) envisioned

Q14

The genetic research efforts of Sunil Chopra ------- in a Global Science Prize for his achievements in the field.

(A) pertained
(B) conformed
(C) presided
(D) culminated

900点レベル

Q13 解答プロセス

STEP 1 「画期的なウイルス撃退ソフトを開発する」ために、its top programmers（精鋭のプログラマー）をどうしたか。

STEP 2 (A) の tap には「活用する」という意味があるので、これが最適。(C) の tailor は「モノを要望に合わせてつくる」の意味で、ここでは不適。

> tap はビジネスニュースでよく使われる。なお、tap には「盗聴する」「軽く叩く」という意味もある。

訳 ライター・ソフトウエアセキュリティ社は精鋭のプログラマーを活用して、画期的なウイルス撃退ソフトを開発した。

正解 (A)

頻出単語

- (A) **tap** [tǽp] 他 利用する；開発する
- (B) **enact** [inǽkt] 他 （法律などを）制定する
- (C) **tailor** [téilər] 他 （要望などに）合わせてつくる；（服などを）仕立てる
- (D) **envision** [invíʒən] 他 心に描く；想像する
  envision one's future（自分の将来を思い描く）

Q14 解答プロセス

STEP 1 「スニル・チョプラの遺伝子研究の努力」が Global Science Prize という賞を獲得することでどうなったか。

STEP 2 (D) の culminate は「ついにある状態に達する」という意味があるので、文脈にぴったりである。通例、自動詞として使う。

> 「（祭典などが）最高潮に達する」という意味でも使う。The celebrations culminated in a fire display.（花火があがって祝典は最高潮に達した）

訳 スニル・チョプラの遺伝子研究の努力は、その分野での彼の業績を称えてグローバル・サイエンス賞が授与されるに至った。

正解 (D)

頻出単語

- (A) **pertain** [pərtéin] 自 〜に付属する・関係する（to 〜）
- (B) **conform** [kənfɔ́ːrm] 自 （規則・法を）守る（to 〜）
- (C) **preside** [prizáid] 自 統括する；議長を務める
  preside over a meeting（会議の司会をする）
- (D) **culminate** [kʌ́lminèit] 自 ついに（ある状態に）達する；（祭典などが）最高潮に達する

189

Q15

Chief Financial Officer Max Coulter would never ------- the financial position of the company through recommending risky investments.

(A) misplace
(B) comprise
(C) jeopardize
(D) fluctuate

Q16

Purchasing Director Brandon Dye typed a ------- e-mail to the supplier for failing to deliver goods on time.

(A) tidy
(B) tiny
(C) terse
(D) tedious

900点レベル

Q15 解答プロセス

STEP 1 never ------- the financial position of the company through recommending risky investments（危険な投資を推奨することで会社の財務基盤を〜することは決してない）という文脈。

STEP 2 ネガティブな意味の動詞が入ると見当がつく。(C) jeopardize（危うくする）が正解。

> 名詞は jeopardy（危険）で、put 〜 in jeopardy（〜を危うくする）という表現も覚えておきたい。

訳 マックス・コウルター CFO は、危険な投資を推奨することで会社の財務基盤を危うくするようなことは決してしない。

正解 (C)

頻出単語

- (A) **misplace** [mìspléis] 他 置き忘れる；置き間違える
- (B) **comprise** [kəmpráiz] 他 〜より成る；含む
- (C) **jeopardize** [dʒépərdàiz] 他 危うくする；危険にさらす
- (D) **fluctuate** [flʌ́ktʃuèit] 自 変動する；動揺する

Q16 解答プロセス

STEP 1 typed a ------- e-mail から、e-mail を修飾できる形容詞でなければならない。

STEP 2 (C) terse は「文章や発言が簡潔な」という意味なので、これを選ぶ。(D) tedious は「退屈な」の意味で文脈に合わない。

> brief や succinct が類義語。

訳 ブランドン・ダイ購買部長は、商品が期日に配送されなかったとして納入業者に簡潔なメールを書いた。

正解 (C)

頻出単語

- (A) **tidy** [táidi] 形 きれいに片づいた；几帳面な 他 片づける
- (B) **tiny** [táini] 形 ごくわずかの；とても小さい
- (C) **terse** [tə́ːrs] 形 簡潔な；簡明な
- (D) **tedious** [tíːdiəs] 形 うんざりさせる；退屈な

Q17

Sam Reese paid ------- for the accommodations and flight sections of his Nairobi business trip.

(A) attentively
(B) stunningly
(C) possibly
(D) separately

Q18

TQR Shipping Co. transports ------- items in special containers to prevent breakage.

(A) messy
(B) fragile
(C) acting
(D) sole

900点レベル

Q17 解答プロセス

STEP 1 選択肢はすべて副詞。paid の後に空所があるので、どんなふうに支払ったかを考える。

STEP 2 支払い対象を示す for 以下は the accommodations and flight sections で、「宿泊費」と「航空運賃」の2つがある。(D) separately を入れれば「別々に支払った」となり、文意が通る。

> 動詞 separate は「分ける」、名詞 separation は「分割」のほか「(夫婦などの)別居」の意味もある。

訳 サム・リースは、ナイロビへの出張の宿泊費と航空運賃を別々に支払った。

正解 (D)

頻出単語

- (A) **attentively** [əténtivli] 副 注意深く
- (B) **stunningly** [stʌ́niŋli] 副 驚くほど
- (C) **possibly** [pɑ́səbli] 副 もしかすると;ことによると
- (D) **separately** [sépərətli] 副 別々に

Q18 解答プロセス

STEP 1 transports ------- items から、配送するのがどんな商品かを考える。

STEP 2 その商品は特別なコンテナに入れて (in special containers)、破損を避ける (to prevent breakage) という扱いである。(B) fragile (壊れやすい) を選べば文脈に合う。

> 荷物に貼る「壊れ物注意」のステッカーは、Fragile または Handle with care。類義語は breakable、反意語は sturdy (丈夫な) など。

訳 TQRシッピング社は、壊れやすい商品を、破損を避けるために特別なコンテナで配送する。

正解 (B)

頻出単語

- (A) **messy** [mési] 形 散らかした;汚い
- (B) **fragile** [frǽdʒəl] 形 壊れやすい;もろい
- (C) **acting** [ǽktiŋ] 形 代理の;臨時の acting manager (部長代理)
- (D) **sole** [sóul] 形 たった1つの;単独の
  sole proprietorship (自営業;個人事業主)

Q19

Toshi Yamamoto was shortlisted for the job of global operations chief and ------- accepted after a final interview.

(A) currently
(B) overnight
(C) individually
(D) subsequently

Q20

Diners who order the Meal Package of pizza, chicken and French fries receive a ------- beverage.

(A) regional
(B) comfortable
(C) exempt
(D) complimentary

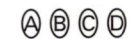

900点レベル

Q19 解答プロセス

STEP 1 shortlist は「最終候補に絞る」という意味で、前半は「国際事業の部門長ポストの最終候補になった」。後半は「最終面接の後で採用が決まった」。

STEP 2 前半→後半と段階を踏んでいるので、(D) subsequently（続いて）を入れると、前後半がうまくつながる。

> 形容詞 subsequent（続いて起こる）は、subsequent to A（Aに続く）の前置詞 to に注意。

訳 トシ・ヤマモトは国際事業の部門長ポストの最終候補になり、続いて最終面接の後で採用が決まった。

正解 (D)

頻出単語

- (A) **currently** [kə́:rəntli] 副 現在は；目下のところ
- (B) **overnight** [óuvərnáit] 副 一晩で 形 一晩の
- (C) **individually** [ìndivídʒuəli] 副 個別に；それぞれ
- (D) **subsequently** [sʌ́bsikwəntli] 副 その次に；その後

Q20 解答プロセス

STEP 1 空所は beverage（飲み物）を修飾する。

STEP 2 その飲み物は「ピザとチキン、フライドポテトの食事セットを注文する食事客」がもらえるもの。(D) complimentary（無料の）が正解である。

> free や free of charge が類義語。つづりの似た単語に complementary（補足的な）があるので注意。

訳 ピザとチキン、フライドポテトの食事セットを注文したお客様は、無料の飲み物をご利用いただけます。

正解 (D)

頻出単語

- (A) **regional** [rí:dʒənl] 形 地方の；地域の
  a regional branch（地域支社）
- (B) **comfortable** [kʌ́mfərtəbl] 形 快適な；くつろげる
- (C) **exempt** [igzémpt] 形 （税金などを）免れた；免除された
- (D) **complimentary** [kɑ̀mpləméntəri] 形 無料の；優待の

Q21

Production at Teleto Manufacturing is at a ------- level and could even be increased by 3-5 percent without difficulty.

(A) strict
(B) scarce
(C) stringent
(D) sustainable

Q22

Power Sprite Vacuum Cleaner is a ------- device that can be used on a broad variety of surfaces.

(A) roomy
(B) versatile
(C) extensive
(D) hazardous

900点レベル

Q21 解答プロセス

STEP 1 Production at Teleto Manufacturing is at a ------- level より、この会社の生産がどんな水準（level）にあるかを考える。

STEP 2 and 以下に「苦もなく3～5％の増産さえ可能」とあることから、(D) sustainable（持続可能な）を選んで、「持続可能な水準」とすればいい。

> 動詞は sustain（維持する；持続させる）、名詞は sustainability（持続可能性）。

訳 テレト・マニュファクチャリングの生産は持続可能な水準にあり、苦もなく3～5％の増産さえ可能である。

正解 (D)

頻出単語

- (A) **strict** [stríkt] 形 厳格な；厳密な
- (B) **scarce** [skéərs] 形 不足している
- (C) **stringent** [stríndʒənt] 形 厳格な
- (D) **sustainable** [səstéinəbl] 形 持続可能な

Q22 解答プロセス

STEP 1 Vacuum Cleaner（電気掃除機）がどんな device（機器）かを考える。

STEP 2 that 以下に機器の機能が「幅広くさまざまな表面部分に使える」と説明されている。(B) versatile（万能の）がぴったりである。

> versatile は「多才な」という意味で人にも使える。a versatile artist（多才な芸術家）。副詞は versatilely（何でもうまく；多才に）。

訳 パワー・スプライト電気掃除機は、幅広くさまざまな表面部分に使える万能の機器だ。

正解 (B)

頻出単語

- (A) **roomy** [rúːmi] 形 広々とした；大きい
  a roomy apartment（広々としたマンション）
- (B) **versatile** [vˈɚːrsətl] 形 多用途の；万能の；多才な
- (C) **extensive** [iksténsiv] 形 広範囲の；広い
- (D) **hazardous** [hǽzərdəs] 形 危険な；冒険的な
  hazardous waste（有害廃棄物）

Q23

The popularity of the movie *Bold Hero* was -------, setting revenue records in many international markets.

(A) unprecedented
(B) ambiguous
(C) monotonous
(D) irrational

Q24

The government inspectors' ------- findings indicated that the bank was in compliance with financial regulations.

(A) immense
(B) preliminary
(C) overwhelming
(D) prestigious

900点レベル

Q23 解答プロセス

STEP 1 Bold Hero という映画の人気がどうだったのかを考える。

STEP 2 カンマ以降で setting revenue records in many international markets（多くの国際市場で興行収入記録を塗り替えた）と説明されているので、(A) unprecedented（空前の）だったはずである。

❗ precedented（前例のある）に否定の接頭辞の un- が付いたもの。名詞の precedent は「前例」。

訳 映画『ボールド・ヒーロー』の人気は空前のもので、多くの国際市場で興行収入記録を塗り替えた。 **正解 (A)**

頻出単語
- (A) **unprecedented** [ʌ̀nprésədəntid] 形 空前の；前代未聞の
- (B) **ambiguous** [æmbíɡjuəs] 形 あいまいな；多義的な
- (C) **monotonous** [mənátənəs] 形 単調な；退屈な
- (D) **irrational** [irǽʃənl] 形 不合理な；無分別な
  irrational behavior（不合理な行動）

Q24 解答プロセス

STEP 1 政府の検査官による findings（調査）を修飾するのに適当な形容詞を考える。

STEP 2 「その銀行が金融規則を遵守していた」とあるので、驚くべき内容の調査ではない。(A) immense（計り知れない）や (D) overwhelming（圧倒的な）は不適。(B) preliminary（予備の）なら、「予備調査」になり文意が通る。

❗ preliminary to A で「A に先立つ」。preparatory や introductory が類義語。

訳 政府の検査担当者の予備調査は、その銀行が金融規則を遵守していることを示していた。 **正解 (B)**

頻出単語
- (A) **immense** [iméns] 形 莫大な；計り知れない　immense fortune（莫大な財産）
- (B) **preliminary** [prilímənèri] 形 予備的な；準備の
- (C) **overwhelming** [òuvərhwélmiŋ] 形 圧倒的な
- (D) **prestigious** [prestídʒiəs] 形 一流の；社会的地位の高い

Q25

Gover Park is under ------- control, with the city operations department maintaining responsibility for its safe functioning.

(A) durable
(B) clerical
(C) municipal
(D) pristine

Q26

Vera Goh is an ------- stock market analyst whose predictions have repeatedly been proved right.

(A) acclaimed
(B) orderly
(C) essential
(D) obscure

900点レベル

Q25 解答プロセス

STEP 1 Gover Park is under ------- control より、公園が何の管理下にあるかを考える。

STEP 2 the city operations department（市の管理部）もヒントにすれば、(C) municipal（市政府の）を選んで、「市政府の管理下」とすればいい。

> 市町村レベルの行政府を表す形容詞。

訳 ゴーヴァー公園は市政府の管理下にあり、市の管理部がその安全な運営に責任を負っている。

正解 (C)

頻出単語

- ☐ (A) **durable** [djúərəbl] 形 耐久性に優れた；丈夫な
- ☐ (B) **clerical** [klérikəl] 形 事務（員）の　a clerical job（事務職）
- ☐ (C) **municipal** [mju:nísəpəl] 形 地方自治（体）の；市政府の
- ☐ (D) **pristine** [prísti:n] 形 汚れのない；新品同様の

Q26 解答プロセス

STEP 1 an ------- stock market analyst から、「株式市場アナリスト」を修飾するのに適当な形容詞を考える。

STEP 2 アナリストの説明として whose predictions have repeatedly been proved right（その予測は繰り返し正しかったことが証明されてきた）とあることから、(A) acclaimed（定評のある）が選べる。

> TOEIC では著名人を紹介する場面でよく登場する。類義語は celebrated、admired、esteemed など。

訳 ヴェラ・ゴーは定評のある株式市場アナリストで、その予測は繰り返し正しいことが証明されてきた。

正解 (A)

頻出単語

- ☐ (A) **acclaimed** [əkléimd] 形 賞賛を受けている；定評のある
- ☐ (B) **orderly** [ɔ́:rdərli] 形 整頓された　in an orderly way（整然と）
- ☐ (D) **essential** [isénʃəl] 形 本質的な；基本的な；不可欠な
- ☐ (C) **obscure** [əbskjúər] 形 無名の；不明瞭な
  　　　　　　　　　　　　　an obscure painter（無名の画家）

Q27

Filo Rubber Co. is eliminating ------- office processes, outsourcing most of these to overseas firms.

(A) varied
(B) bustling
(C) hostile
(D) redundant

Q28

With its low revenues and increasing costs, Daple Mining Co. may be ------- to bankruptcy without a substantial reorganization.

(A) adaptable
(B) indispensable
(C) vulnerable
(D) irrevocable

900点レベル

Q27 解答プロセス

STEP 1 is eliminating ------- office processes から、どんなオフィス業務を削減しているのかを考える。

STEP 2 「その多くを海外企業に外部委託している」という状況も踏まえて、(D) redundant（余分な；不必要な）を選ぶ。

> 「(人員が) 余剰の」という意味は英国用法である。名詞は redundancy（余剰；重複）。

訳 ファイロ・ラバー社は余分なオフィス業務を削減して、その多くを海外企業に外部委託している。

正解 (D)

頻出単語

- (A) **varied** [véərid] 形 多様な；さまざまな
- (B) **bustling** [báslɪŋ] 形 活気のある
  a bustling martket（活気のある市場）
- (C) **hostile** [hástl] 形 敵対的な；対立する
  a hostile takeover（敵対的買収）
- (D) **redundant** [rɪdʌ́ndənt] 形 重複する；(人員が) 余剰な

Q28 解答プロセス

STEP 1 ------- to bankruptcy から「倒産」に対してどうなのかを考える。

STEP 2 冒頭に With its low revenues and increasing costs（収入が落ち込みコストが増大するなかで）とあることから、倒産に瀕した状況と推測できる。vulnerable to で「～にさらされやすい」なので、(C) が正解。

> vulnerable は競争や戦いの文脈の言葉で、ビジネスや軍事でよく使う。名詞は vulnerability（脆弱性）。

訳 収入が落ち込みコストが増大するなかで、デイプル鉱業社は大幅な組織刷新をしなければ倒産する恐れがある。

正解 (C)

頻出単語

- (A) **adaptable** [ədǽptəbl] 形 適応力のある
- (B) **indispensable** [ìndɪspénsəbl] 形 必要不可欠な
- (C) **vulnerable** [vʌ́lnərəbl] 形 (攻撃などに) さらされやすい；脆弱な
- (D) **irrevocable** [ɪrɪvóʊkəbl | ɪrévə-] 形 解約不能の；取り消しできない
  an irrevocable decision（変更不能の決定）

Q29

Bangkok-based Kai-Song Tech Co. uses ------- manufacturing processes to create premium appliances.

(A) toll-free
(B) cutting-edge
(C) high-profile
(D) old-fashioned

Ⓐ Ⓑ Ⓒ Ⓓ

Q30

Summer Display™ mobile phone sales rose almost ------- during the recent quarters, surpassing most initial predictions.

(A) presumably
(B) allegedly
(C) impeccably
(D) exponentially

Ⓐ Ⓑ Ⓒ Ⓓ

900点レベル

Q29 解答プロセス

STEP 1 空所の形容詞は manufacturing processes（製造工程）を修飾する。

STEP 2 また、to create premium appliances（高級家電製品をつくるのに）とあることから、(D) old-fashioned（廃れた）は不自然で、(B) cutting-edge（最先端の）が正解となる。(C) high-profile は「注目を引く」の意味で、製造工程を修飾するには不適。

> 技術や製品の形容に広告などでよく使う。innovative が類義語。

訳 バンコクに本社を置くカイソン・テク社は、高級家電製品をつくるのに最先端の製造工程を利用する。

正解 (B)

頻出単語

- (A) **toll-free** [tòul fríː] 形 無料の　toll-free number（フリーダイヤル）
- (B) **cutting-edge** [kÀtiŋ édʒ] 形 最先端の；最新鋭の
- (C) **high-profile** [hài próufail] 形 人目を引く；知名度の高い
- (D) **old-fashioned** [òuld fǽʃənd] 形 流行遅れの；廃れた

Q30 解答プロセス

STEP 1 rose almost ------- から、mobile phone sales（携帯電話の売り上げ）がどのように上がったかを考える。

STEP 2 surpassing most initial predictions（ほとんどの初期予測を上回った）わけなので、上昇は大きかったと推測できる。(D) exponentially は「急激に」の意味で、これが正解。

> 難語だが、ビジネスの数量表現として使い、TOEIC に出たことがある。形容詞は exponential（急激な）。

訳 サマー・ディスプレイ社の携帯電話の売り上げは最近の何四半期かに急激と言っていい増加を見せ、ほとんどの初期予測を上回った。

正解 (D)

頻出単語

- (A) **presumably** [prizúːməbli] 副 おそらく
- (B) **allegedly** [əlédʒidli] 副 伝えられるところによると
- (C) **impeccably** [impékəbli] 副 申し分なく；完ぺきに
- (D) **exponentially** [èkspənénʃəli] 副 （増加・加速などが）急速に；飛躍的に

Q31

COO Dominica Perez had an intense ------- with raising the quality levels at her corporation and focused most of her efforts there.

(A) controversy
(B) transition
(C) compliment
(D) preoccupation

Q32

The DigiFine e-reader is in the market testing -------, currently being sold in only a few Northeast cities.

(A) phase
(B) track
(C) margin
(D) ground

900点レベル

Q31 解答プロセス

STEP 1 had an intense ------（強い～を持っていた）とあり、with raising the quality levels at her corporation（彼女の会社の品質水準を引き上げることに）と続いている。

STEP 2 空所にはポジティブな意志を表す名詞が入ると推測できる。(D) preoccupation は「熱中」という意味があるので、これが正解。

> 形容詞の be preoccupied with（～に熱中して；～に心を奪われて）という用法も覚えておきたい。

訳 ドミニカ・ペレス COO は、彼女の会社の品質水準を引き上げることに強い熱意をもち、努力の大半をそこに集中した。

正解 (D)

頻出単語
- (A) **controversy** [kάntrəvə̀ːrsi] 名 論議；議論の的
- (B) **transition** [trænzíʃən] 名 移行；推移　be in transition（過渡期にある）
- (C) **compliment** [kάmpləmənt] 名 謝辞　他 褒める
- (D) **preoccupation** [prìːɑkjupéiʃən] 名 熱中；没頭；関心事

Q32 解答プロセス

STEP 1 is in the market testing ------ から「市場テスト」に続く名詞を考える。

STEP 2 カンマ以降を見ると、「現在は北東部のいくつかの都市だけで販売されている」とあり、市場テストは e-reader のプロジェクトの 1 段階だと推測できる。(A) phase を入れると「市場テストの段階」となり、文意が通る。

> 工事やプロジェクトの「段階」を示すのによく使う。

訳 デジファインの e リーダーは市場テストの段階で、現在は北東部のいくつかの都市だけで販売されている。

正解 (A)

頻出単語
- (A) **phase** [féiz] 名 段階；局面
- (B) **track** [trǽk] 名 道；軌道；足跡
- (C) **margin** [mάːrdʒin] 名（お金・空間などの）余地；差；縁　profit margin（利幅）
- (D) **ground** [gráund] 名 根拠；立場；地面

Q33

Chloe Maris owns a 12.4 percent ------- in Gex Plastics, large enough to grant her a seat on the company board.

(A) bias
(B) stake
(C) impulse
(D) dignity

Q34

Each episode of *Globe Dishes* follows top chefs on their ------- around the world to taste or cook exotic dishes.

(A) ordeals
(B) emblems
(C) quests
(D) fractions

900点レベル

Q33 解答プロセス

STEP 1 「Chloe Maris は Gex Plastics という会社の 12.4％の～を保有している」という文脈。

STEP 2 12.4％という数字からも、(B) stake（株の保有）が適切である。

> stake はほかに、「利害関係」「賭け金」などの意味で使える。「賭け金」の意味で、at stake（賭けられて；危険にさらされて）という表現がある。

訳 クロエ・マリスはゲックス・プラスチックスの 12.4％ の株を保有していて、それは会社の取締役会に席を確保するのに十分だ。

正解 (B)

頻出単語

- (A) **bias** [báiəs] 名 偏見；偏向 a gender bias（性別の偏見）
- (B) **stake** [stéik] 名 投資（資金）；株の保有；賭け金
- (C) **impulse** [ímpʌls] 名 衝動；心の弾み
- (D) **dignity** [dígnəti] 名 威厳；品位

Q34 解答プロセス

STEP 1 空所の直前の their は top chefs を指している。

STEP 2 their ------- around the world to taste or cook exotic dishes（世界中でめずらしい料理を味わったり、つくったりするトップシェフたちの～）という文脈なので、(C) quests（探究）を入れると文意が通る。

> quest は名詞を導くときは for を用いる。quest for freedom（自由の追求）

訳 『世界の料理』誌のそれぞれのエピソードは、世界中でめずらしい料理を味わったり、つくったりするという探究を行うトップシェフたちを追いかけるものだ。

正解 (C)

頻出単語

- (A) **ordeal** [ɔːrdíːəl] 名 苦難；試練 survive an ordeal（苦難を乗り切る）
- (B) **emblem** [émbləm] 名 記章；象徴
- (C) **quest** [kwést] 名 探求；追求
- (D) **fraction** [frǽkʃən] 名 断片；ほんの少し a fraction of（ほんの少しの～）

Q35

The Toms Building security ------- involves inspecting all packages of visitors before allowing them to proceed past the lobby.

(A) burden
(B) friction
(C) routine
(D) mishap

Ⓐ Ⓑ Ⓒ Ⓓ

Q36

Yvonne Sutter gave her coworker a small gift as a ------- of appreciation for her recent help.

(A) token
(B) mercy
(C) dialect
(D) pity

Ⓐ Ⓑ Ⓒ Ⓓ

900点レベル

Q35 解答プロセス

STEP 1 security ------- involves inspecting all packages of visitors（保安の~には、訪問客の荷物をすべて検査することが含まれている）という文脈。

STEP 2 したがって、空所には「業務」に類する名詞が入ると推測できる。(C) routine は「決まった業務」なので、これが正解である。

> 「いつも繰り返ししている仕事」を指す。形容詞で「決まった；型どおりの」という意味。

訳 トムズ・ビルディングの所定の保安業務には、訪問客がロビーを抜けて進むことを許可する前に彼らの荷物をすべて検査することが含まれる。

正解 (C)

頻出単語
- (A) **burden** [bə́ːrdn] 名 荷物；重荷
- (B) **friction** [fríkʃən] 名 あつれき；摩擦
- (C) **routine** [ruːtíːn] 名 日課；決まった業務
- (D) **mishap** [míshæp] 名 災難・不運

Q36 解答プロセス

STEP 1 as a ------- of appreciation は「感謝の~として」。Yvonne Sutter が「同僚に小さな贈り物をした」ことが感謝の何にあたるかを考える。

STEP 2 (A) token を入れると「感謝のしるしとして」となり文意が通る。

> as a token of には、gratitude（感謝）、apology（お詫び）、friendship（友情）などをよく続ける。

訳 イヴォンヌ・サターは、同僚に最近助けてもらったので感謝のしるしとして小さな贈り物をした。

正解 (A)

頻出単語
- (A) **token** [tóukən] 名 しるし；象徴；代用通貨
- (B) **mercy** [mə́ːrsi] 名 情け深い行為；慈悲；寛大
  at the mercy of（~のなすがままになって）
- (C) **dialect** [dáiəlèkt] 名 方言；地方語
- (D) **pity** [píti] 名 残念なこと；憐れみ　It's a pity that ~（~は残念だ）

Q37

The purchasing committee developed plans to increase inventory to guard against sudden product shortage -------.

(A) receptacles
(B) malfunctions
(C) contingencies
(D) acknowledgments

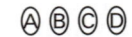

Ⓐ Ⓑ Ⓒ Ⓓ

Q38

Ms. Anson Lim filed a ------- for office supplies by filling out a few forms.

(A) literature
(B) turnout
(C) proponent
(D) requisition

Ⓐ Ⓑ Ⓒ Ⓓ

900点レベル

Q37 解答プロセス

STEP 1 sudden product shortage ------- から「突然の製品の不足」に続けられる名詞が必要。

STEP 2 (C) contingencies は「緊急事態」という意味があり、これを入れると「突発的に製品が不足する緊急事態に備えて、在庫を拡大する」となり、文意が通る。

❗ a contingency plan で「緊急時対応策」。

訳 購買委員会は、突発的に製品が不足する緊急事態に備えて、在庫を拡大する計画を練り上げた。

正解 (C)

頻出単語

- (A) **receptacle** [riséptəkl] 名 容器；貯蔵所
- (B) **malfunction** [mæ̀lfʌ́ŋkʃən] 名 故障；機能不全
- (C) **contingency** [kəntíndʒənsi] 名 不慮の出来事；緊急事態
- (D) **acknowledgment** [əknálidʒmənt] 名 認知；感謝；賛辞

Q38 解答プロセス

STEP 1 filed a ------- for office supplies は「事務用品のための〜を提出した」という意味。file との結びつきもヒントになる。

STEP 2 (D) requisition（申請書）を入れると filed a requisition で「（事務用品のための）申請書を出した」となり、文意が通る。

❗ a requisition form で「申請用紙」。動詞で「要求する」の意味で使える。

訳 アンソン・リムさんは、数枚の書式に記入することによって、事務用品の申請をした。

正解 (D)

頻出単語

- (A) **literature** [lítərətʃər] 名 （案内・宣伝のための）印刷物；パンフレット
- (B) **turnout** [tə́ːrnàut] 名 出席者；観客数
- (C) **proponent** [prəpóunənt] 名 提唱者；支持者
  proponents of free market（自由市場の提唱者）
- (D) **requisition** [rèkwizíʃən] 名 申請（書）；要求（書） 他 要求する

Q39

The technicians took apart the assembly line equipment, looking for ------- as to why it was not operating correctly.

(A) bins
(B) terms
(C) clues
(D) premises

Q40

Surprise Stores, Inc., staff are known for their strong ------- and commitment to outstanding customer service.

(A) leverage
(B) enthusiasm
(C) intuition
(D) phenomenon

900点レベル

Q39 解答プロセス

STEP 1 looking for ------- as to why it was not operating correctly（それ［機器］が適切に作動しない原因についての〜を探る）という文脈。

STEP 2 何を探るのかを考えれば、(C) clues（手がかり）が適切。

> not have a clue で「見当もつかない」という表現になる。

訳 技術者たちは、適切に作動しない原因についての手がかりを探るために、組み立てラインの機器を分解した。

正解 (C)

頻出単語

- (A) **bin** [bín] 图 物入れ；ゴミ入れ；容器
  a recycling bin（リサイクル用回収箱）
- (B) **term** [tə́ːrm] 图 用語；学期；(複数で) 条件
  terms and conditions（条件）
- (C) **clue** [klúː] 图 手がかり；端緒
- (D) **premise** [prémis] 图 (通例、複数) 建物の敷地

Q40 解答プロセス

STEP 1 for 以下は、接続詞 and を介して空所と commitment（取り組み；傾注）が並列されている。

STEP 2 したがって、空所には commitment と似通った意味のポジティブな言葉が入る。選択肢では、(B) enthusiasm（情熱）が最適である。

> enthusiast で「熱心な人」。形容詞は enthusiastic（熱心な；熱狂的な）。

訳 サプライズ・ストアズ社の社員は、優れた顧客サービスへの強い情熱と取り組みで知られている。

正解 (B)

頻出単語

- (A) **leverage** [lévəridʒ] 图 影響力；支配力；てこの作用
- (B) **enthusiasm** [inθúːziæzm] 图 熱意；熱中
- (C) **intuition** [ìntjuːíʃən] 图 直感　by intuition（直感的に）
- (D) **phenomenon** [finámənàn] 图 現象；驚くべきこと［人・物］

Q41

The quality control group tested all features of the audio player, looking for any manufacturing -------.

(A) sites
(B) flaws
(C) tips
(D) outfits

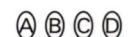

Q42

Nina Timmons retired as CEO after 38 years, leaving a ------- of growing her company from a small to a midsize firm.

(A) legacy
(B) sacrifice
(C) discretion
(D) struggle

900点レベル

Q41 解答プロセス

STEP 1 カンマまでは「品質管理グループはそのオーディオプレイヤーのすべての機能をテストした」。その目的は looking for any manufacturing ------- (製造上の〜を探す) ことである。

STEP 2 探すべき製造上のものが何かを考えると、(B) flaws (欠陥) しか適切なものはない。

> flawed で「欠陥のある」という形容詞。flawless なら「欠陥のない」→「完全な」。

訳 品質管理グループはそのオーディオプレイヤーのすべての機能をテストして、製造上の欠陥を探った。

正解 (B)

頻出単語

- (A) **site** [sáit] 名 土地；(出来事・事件の発生した) 場所；ウェブサイト
- (B) **flaw** [flɔ́ː] 名 欠陥；不備
- (C) **tip** [típ] 名 秘訣；助言；チップ (心付け)；先端
- (D) **outfit** [áutfit] 名 服装 (一式)；装備 (一式)

Q42 解答プロセス

STEP 1 CEOが退任したときに、leaving a ------- of growing her company from a small to a midsize firm (彼女の会社を零細企業から中規模企業に成長させるという〜を残した) という文脈。

STEP 2 CEOが残したもので、of 以下ともうまくつながる名詞は (A) legacy (遺産) である。

> legacy は、お金・資産から抽象的なものまで、先代や前任者から受け継ぐさまざまなものに使える。

訳 ニナ・ティモンズは、彼女の会社を零細企業から中規模企業に成長させるという遺産を残して、38年間の勤務後にCEOを退任した。

正解 (A)

頻出単語

- (A) **legacy** [légəsi] 名 遺産；遺物
- (B) **sacrifice** [sǽkrəfàis] 名 犠牲 他 〜を犠牲にする
- (C) **discretion** [diskréʃən] 名 裁量；慎重さ
- (D) **struggle** [strʌ́gl] 名 奮闘；闘争 自 奮闘する

Q43

Warehouse staff began unloading and unpacking many small items that had been shipped in -------.

(A) bulk
(B) zeal
(C) probe
(D) excess

Q44

Cedaal Towers is a popular ------- for corporate events such as shareholder meetings or yearend parties.

(A) frame
(B) venue
(C) mass
(D) symbol

900点レベル

Q43 解答プロセス

STEP 1 had been shipped in ------- という文脈なので、どのような状態で配送されてきたかがポイント。

STEP 2 主語にあたる（先行詞の）many small items（多くの小型商品）の many に注目すれば、(A) bulk（大口；大量）を入れるのが適切。

> in bulk で「大口で」の意味。purchase in bulk で「大口で購入する」。

訳 倉庫のスタッフたちは大口荷物で配送されてきた数多くの小型商品を荷下ろしして、梱包を解く作業を始めた。

正解 (A)

頻出単語
- (A) **bulk** [bʌ́lk] 名 大量；積み荷
- (B) **zeal** [zíːl] 名 熱意；熱中
- (C) **probe** [próub] 名 厳密な調査；探査　a probe into ~（~の精査）
- (D) **excess** [iksés] 名 過剰；超過　in excess of（~を超過して）

Q44 解答プロセス

STEP 1 Cedaal Towers が人気のある何なのかを考える。

STEP 2 for 以下にヒントがあり、corporate events such as shareholder meetings or yearend parties（株主総会や忘年会といった企業イベント）のためのものである。ここから、(B) venue（開催場所）が選べる。

> venue はイベントなどの「開催場所」の意味で使う。

訳 シダール・タワーズは、株主総会や忘年会といった企業イベントをするのに人気の高い場所である。

正解 (B)

頻出単語
- (A) **frame** [fréim] 名 枠組み；骨組み　a time frame（時間の枠）
- (B) **venue** [vénjuː] 名 開催場所
- (C) **mass** [mǽs] 名 大量；集まり；一般大衆　a mass of ~（大量の~）
- (D) **symbol** [símbəl] 名 象徴；記号

Q45

Aeraldo Engineering, Inc., has been pioneering component design since its ------- two decades ago.

(A) buzzword
(B) momentum
(C) inception
(D) predicament

Ⓐ Ⓑ Ⓒ Ⓓ

Q46

The Blansa Pipe Co. accounting department performed an ------- of financial statements that took over a week.

(A) audit
(B) annuity
(C) aptitude
(D) alliance

Ⓐ Ⓑ Ⓒ Ⓓ

900点レベル

Q45 解答プロセス

STEP 1 現在完了形で使われる since は「〜から」という時間の起点を表し、since its ------- two decades ago（20年前のその〜から）という文脈。

STEP 2 会社が主語なので、空所には創業や設立に類する言葉が入ると推測できる。(C) inception（始まり）が正解。

❗ at the inception of で「〜の初めに」。

訳 エラルド・エンジニアリング社は、20年前に創業して以来、部品設計で先駆的な仕事をしてきた。

正解 (C)

頻出単語

- (A) **buzzword** [bázwə̀:rd] 名 キャッチフレーズ；スローガン
- (B) **momentum** [mouméntəm] 名 勢い；はずみ
  gain [lose] momentum（勢いを増す［失う］）
- (C) **inception** [insépʃən] 名 始まり；発端
- (D) **predicament** [pridíkəmənt] 名 苦境；窮地

Q46 解答プロセス

STEP 1 経理部が完了したことで、an ------- of financial statements から「財務諸表」についての何かである。

STEP 2 財務諸表との結びつきを考えれば、(A) audit（監査）が最適。

❗ 動詞で「監査する；会計検査する」の意味。auditor は「監査役；会計検査官」。

訳 ブランサ・パイプ社の経理部は、1週間以上かけて財務諸表の監査を完了した。

正解 (A)

頻出単語

- (A) **audit** [ɔ́:dit] 名 監査；会計検査 他 監査する；会計検査をする
- (B) **annuity** [ənjú:əti] 名 年金
- (C) **aptitude** [ǽptətju:d] 名 適性；素質
  a career aptitude test（職業適性テスト）
- (D) **alliance** [əláiəns] 名 提携　in alliance（提携して）

Q47

Free lunches and a company fitness center are ------- of working at Vinel Technologies.

(A) perks
(B) policies
(C) peers
(D) perspectives

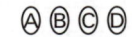

Ⓐ Ⓑ Ⓒ Ⓓ

Q48

Chandra Regev enjoyed a 15-year ------- as CEO before stepping down last quarter.

(A) glitch
(B) criterion
(C) tenure
(D) reference

Ⓐ Ⓑ Ⓒ Ⓓ

900点レベル

Q47 解答プロセス

STEP 1 Free lunches and a company fitness center（無料のランチと会社のフィットネスセンター）が Vinel Technologies という会社で働く何に当たるのかを考える。

STEP 2 (A) perks は「特典」という意味なので、これが正解。

> perk には政府が企業などに提供する「優遇措置」の意味もある。類義語は benefit や advantage。employee perks（社員の特典）

訳 無料のランチと会社のフィットネスセンターは、ヴィネル・テクノロジーズで働く特典である。

正解 (A)

頻出単語

- (A) **perk** [pə́ːrk] 名 特典；臨時手当
- (B) **policy** [pɑ́ləsi] 名 政策；方針；保険証書
- (C) **peer** [píər] 名 同僚
- (D) **perspective** [pərspéktiv] 名 全体像；大局観
  put ~ in perspective（~の全体像を把握する）

Q48 解答プロセス

STEP 1 a 15-year ------- as CEO（CEOとしての15年の~）という文脈。

STEP 2 before stepping down last quarter（前四半期に退任するまで）も参考にすると、(C) tenure（在任期間）を選べる。

> 類義語は incumbency や term of office。

訳 チャンドラ・レゲヴは15年にわたるCEOの任期を全うして、前四半期に退任した。

正解 (C)

頻出単語

- (A) **glitch** [glítʃ] 名（機械の）故障；誤作動
- (B) **criterion** [kraitíəriən] 名 基準；尺度　safety criteria（安全基準）
- (C) **tenure** [ténjər] 名 任期
- (D) **reference** [réfərəns] 名 推薦状；推薦人；参照
  a letter of reference（推薦状；紹介状）

Q49

Many observers had asserted that the airline industry was due for a -------, as several companies were likely to merge.

(A) relocation
(B) subdivision
(C) manipulation
(D) consolidation

Q50

The hardware resources of Prover Robotics Co. and the software skills of Lafto Tech came together to create a unique joint venture -------.

(A) alteration
(B) synergy
(C) apprentice
(D) volatility

900点レベル

Q49 解答プロセス

STEP 1 was due for は「〜することになる」という予測を表す。

STEP 2 どうなりそうかを考えるが、カンマ以降に as several companies were likely to merge（数社が合併しようとしているように）とあることから、空所には「合併」に関連した単語が入ると推測できる。(D) consolidation（統合）が最適。

> 動詞形は consolidate（整理統合する；強化する）。

訳 数社が合併しようとしているように、航空業界は統合が避けられないと、多くの評論家が断言していた。

正解 (D)

頻出単語
- (A) **relocation** [rìːloukéiʃən] 名 引っ越し；移転
- (B) **subdivision** [sʌ́bdiviʒən] 名 分譲地
- (C) **manipulation** [mənìpjuléiʃən] 名 操作；（データなどの）改ざん
- (D) **consolidation** [kənsὰlədéiʃən] 名 整理統合；強化すること

Q50 解答プロセス

STEP 1 create a unique joint venture ------- から「合弁事業」の何をつくるかを考える。

STEP 2 1社の hardware resources（ハードウエアの資源）ともう1社の software skills（ソフトウエアの技術）が一緒になってつくるものである。2つが組み合わさってできるものなので、(B) synergy（相乗効果）が適当。

> シナジーとカタカナにもなっている。2つ以上のものが協力し合って効果を発揮すること。

訳 プローヴァー・ロボティクス社のハードウエアの資源とラフト・テクのソフトウエアの技術が一緒になって、合弁事業の独自の相乗効果を発揮した。

正解 (B)

頻出単語
- (A) **alteration** [ɔ̀ːltəréiʃən] 名 修正；手直し
- (B) **synergy** [sínərdʒi] 名 相乗効果；シナジー
- (C) **apprentice** [əpréntis] 名 見習い（社員）
- (D) **volatility** [vὰlətíləti] 名 （株価・為替などが）不安定に変動しやすいこと

Q51

Lexington Manufacturing created an overseas business -------, Haxten Industries, to serve as an international subsidiary.

(A) entity
(B) insight
(C) niche
(D) windfall

Ⓐ Ⓑ Ⓒ Ⓓ

Q52

After weeks of board discussions, Vladim Paper Co. approved a $200 million ------- for a production facility in British Columbia.

(A) load
(B) crate
(C) outlay
(D) rebate

Ⓐ Ⓑ Ⓒ Ⓓ

900点レベル

Q51 解答プロセス

STEP 1 an overseas business ------- のカンマの後は同格で、Haxten Industries という社名が続いている。

STEP 2 また、この会社は「海外子会社として機能する（serve as an international subsidiary）」。(A) entity は「独立した実体」が原意で、business entity で「企業」を表せる。

> 難語だが、ビジネスでは a business entity（企業）や a private entity（民間組織）のように、組織体を指すのに使う。

訳 レキシントン・マニュファクチャリングは、海外子会社として機能するハクステン・インダストリーズという海外法人を設立した。

正解 (A)

頻出単語
- (A) **entity** [éntəti] 名 団体；事業体
- (B) **insight** [ínsait] 名 洞察力；見識
- (C) **niche** [níːʃ | nítʃ] 名 市場のすき間；ニッチ市場
- (D) **windfall** [wíndfɔːl] 名 思いがけず入った収入；棚ぼた

Q52 解答プロセス

STEP 1 approved a $200 million ------- for a production facility（生産施設のために2億ドルの〜を承認した）という文脈。空所にはお金に関する言葉が入ると予測できる。

STEP 2 (C) outlay は「支出」という意味で、これが正解。(D) rebate は「払い戻し」「（販促キャンペーンなどの）キャッシュバック」なので、不適。

> 類義語は expenditure や spending。

訳 何週間も取締役会が議論した末に、ヴラディム・ペーパー社はブリティッシュ・コロンビア州の生産施設のために2億ドルの支出を承認した。

正解 (C)

頻出単語
- (A) **load** [lóud] 名 積み荷 他 積み込む
- (B) **crate** [kréit] 名 （運送用の）木箱；枠箱
- (C) **outlay** [áutlèi] 名 経費；支出
- (D) **rebate** [ríːbeit] 名 払い戻し；キャッシュバック 他 自 払い戻す

Q53

Parde Fashion ------- an online and print marketing campaign to support its new line of men's clothing.

(A) convened
(B) unleashed
(C) outlined
(D) interrupted

Q54

Department supervisors can ------- rooms for meetings by reserving them through internal Web pages of the company.

(A) procure
(B) attach
(C) disclose
(D) conserve

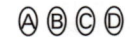

900点レベル

Q53 解答プロセス

STEP 1 Parde Fashion という会社が an online and print marketing campaign（オンラインと印刷メディアでの販売キャンペーン）をどうしたか。

STEP 2 「男性用衣料の新製品ラインを強化するために」という文脈も考えると、(B) unleashed（開始した）が最適。

> unleash は、leash（[動物を]つなぐ）に否定辞の un- を付けて、「解き放つ」が原意。ニュースでもよく使われる。

訳 パルデ・ファッションは、男性用衣料の新製品ラインを強化するために、オンラインと印刷メディアでの販売キャンペーンを開始した。

正解 (B)

頻出単語

- □ (A) **convene** [kənvíːn] 他（会議などを）開催する；招集する
  convene a meeting（会議を開く）
- □ (B) **unleash** [ʌnlíːʃ] 他 解き放つ
- □ (C) **outline** [áutlàin] 他 要点を述べる；概説する
- □ (D) **interrupt** [ìntərʌ́pt] 他（相手の話を）さえぎる；じゃまをする

Q54 解答プロセス

STEP 1 ------- rooms for meetings から「会議用の部屋」をどうするか。

STEP 2 by reserving them through internal Web pages of the company（会社の社内ウェブページを通して予約することで）とあることから、(A) procure（獲得する）が適切である。

> procure は「注意や努力を払って獲得する」が原意。ビジネスでは備品や部品の調達という意味でよく使う。名詞は procurement（調達）。

訳 部門の管理職は、会社の社内ウェブページを通して予約することで、会議用の部屋を確保することができる。

正解 (A)

頻出単語

- □ (A) **procure** [proukjúər] 他 獲得する；調達する
- □ (B) **attach** [ətǽtʃ] 他 貼り付ける；（メールに）添付する
- □ (C) **disclose** [disklóuz] 他 公開する；開示する
- □ (D) **conserve** [kənsə́ːrv] 他 保全する

Q55

HopeyFriends.com was a ------- in social media, with an easy-to-use interface that rapidly attracted millions of users.

(A) provision
(B) benchmark
(C) specification
(D) breakthrough

Q56

Katsi Chocolate Chip Cookies™ are ------- in cafés, bakeries and ice cream shops around the country.

(A) coherent
(B) optimum
(C) ubiquitous
(D) agile

900点レベル

Q55 解答プロセス

STEP 1 HopeyFriends.com というサイトがソーシャルメディア（social media）における何なのか。

STEP 2 カンマ以降には「使いやすいインターフェースで何百万人ものユーザーをすぐに引きつけた」とあるので、サイトを表現できて、ポジティブな意味の名詞が必要。(D) breakthrough（画期的な進歩）が正解。

> 動詞句の break through は「〜を打破する；〜を突破する」の意味。

訳 HopeyFriends.com はソーシャルメディアとしては画期的なもので、使いやすいインターフェースで何百万人ものユーザーをすぐに引きつけた。　　**正解 (D)**

頻出単語

- (A) **provision** [prəvíʒən]　名 条項；規定；支給
- (B) **benchmark** [béntʃmàːrk]　名 (他のものと比較する) 基準；ベンチマーク
- (C) **specification** [spèsəfikéiʃən]　名 仕様；スペック
- (D) **breakthrough** [bréikθrùː]　名 技術革新；画期的な進歩

Q56 解答プロセス

STEP 1 Katsi Chocolate Chip Cookies™ というクッキーが、全国のカフェやベーカリー、アイスクリーム店でどうなっているのか。

STEP 2 「売られている」という状況だと推測がつくが、(C) ubiquitous は「どこにでもある」という意味で、この状況を表せる。

> ubiquitous computing（どこでもコンピュータが使えること）など、ビジネスでは意外によく使う。名詞は ubiquity（遍在）。

訳 カッチ・チョコレートチップ・クッキーズは、全国のカフェやベーカリー、アイスクリーム店で手に入る。　　**正解 (C)**

頻出単語

- (A) **coherent** [kouhíərənt]　形 一貫性のある
  a coherent strategy（一貫性のある戦略）
- (B) **optimum** [áptiməm]　形 最適な；申し分のない
  optimum amount（最適量）
- (C) **ubiquitous** [juːbíkwətəs]　形 どこにでもある；遍在する
- (D) **agile** [ǽdʒail]　形 敏捷な；機動的な

Q57

Dacta Window Co. sells mainly in the residential and commercial housing market -------.

(A) equities
(B) subsidiaries
(C) liabilities
(D) segments

Q58

With a ------- of silver becoming available, prices fell for that precious metal in commodity markets.

(A) glut
(B) podium
(C) cubicle
(D) shortlist

900点レベル

Q57 解答プロセス

STEP 1 sells mainly in the residential and commercial housing market ------- （主に居住用と商用の住宅市場の〜で販売を行う）という文脈。

STEP 2 market との相性も考えると、(D) segments（区分）に絞れる。

⚠️ カタカナの「セグメント」としても定着している。market segment でよく使う。

訳 ダクタ・ウインドウ社は、主に居住用と商用の住宅市場のセグメントで販売を行っている。

正解 (D)

頻出単語

- □ (A) **equity** [ékwəti] 名 財産物件の純価値；普通株
  private equity（未公開株）
- □ (B) **subsidiary** [səbsídieri] 名 子会社
- □ (C) **liability** [làiəbíləti] 名 負債　assets and liabilities（資産と負債）
- □ (D) **segment** [ségmənt] 名 部分；市場区分

Q58 解答プロセス

STEP 1 With a ------- of silver becoming available は「銀の〜が出回るようになって」の意味。そして、この貴金属（＝銀）の商品市場の価格は下落したという文脈。

STEP 2 銀が増えすぎて価格が下がるという状況が推測できるので、空所には (A) glut（供給過剰）を入れる。

⚠️ glut は動詞で「供給過剰にする」という意味で主に受け身で使う。
glutted condo market（供給過剰の分譲マンション市場）

訳 大量の銀が出回るようになり、この貴金属の商品市場の価格は下落した。

正解 (A)

頻出単語

- □ (A) **glut** [glʌ́t] 名 供給過剰　他 供給過剰にする
- □ (B) **podium** [póudiəm] 名 演壇
- □ (C) **cubicle** [kjú:bikl] 名 （個別に仕切られた）小部屋；ブース
- □ (D) **shortlist** [ʃɔ́:rtlìst] 名 選抜候補者リスト　他 （最終候補に）絞り込む
  shortlist candidates（候補者を絞り込む）

Q59

Having been treated to dinner by a company supplier in Barcelona, Gu-seok Kim ------- by doing the same when they later met in Incheon.

(A) retrenched
(B) retrieved
(C) reiterated
(D) reciprocated

Q60

Reaching €1 billion in total revenue was a ------- for Palletee Greeting Card Co., which had begun as a small firm with yearly sales of only €100,000.

(A) prototype
(B) landmark
(C) disclaimer
(D) memorandum

900点レベル

Q59 解答プロセス

STEP 1 分詞構文の前半は「会社の納入業者にバルセロナで夕食をごちそうになった」。これを受けて、「後に仁川で会ったときに同じことをして」どうしたのかがポイント。

STEP 2 理屈から「お返しをした」のだと推測できるので、(D) reciprocated（返礼した；等価のものを返した）を選ぶ。

(!) 自動詞・他動詞どちらの用法もある。他動詞としては、reciprocate someone's favors（人の好意に報いる）。

訳 会社の納入業者にバルセロナで夕食をごちそうになったので、グーソク・キムは後に仁川で会ったときに同じことをしてお返しをした。

正解 (D)

頻出単語
- (A) **retrench** [ritréntʃ] 他 削減する；省く
- (B) **retrieve** [ritríːv] 他 検索する；回収する
- (C) **reiterate** [riítərèit] 他 反復する；くり返して言う
- (D) **reciprocate** [risíprəkèit] 自 等価値のものを相手に返す 他 報いる

Q60 解答プロセス

STEP 1 Reaching €1 billion in total revenue（総売り上げが10億ユーロに達したこと）が、この会社にとって何だったか。

STEP 2 which 以下から、この会社は「小さな会社として年間売り上げがたった10万ユーロからスタートした」。つまり、総売り上げの10億ユーロは (B) landmark（画期的なこと）だったはずである。

(!) landmark はほかに「（道案内での）目印」「歴史的建造物」の意味でもよく使う。

訳 小さな会社として年間売り上げがたった10万ユーロからスタートしたパレッティー・グリーティングカード社にとって、総売り上げが10億ユーロに達したのは画期的なことだった。

正解 (B)

頻出単語
- (A) **prototype** [próutoutàip] 名 試作品
- (B) **landmark** [lǽndmàːrk] 名 画期的なこと；目印；歴史的建造物
- (C) **disclaimer** [diskléimər] 名 免責条項
- (D) **memorandum** [mèmərǽndəm] 名 回覧；事務連絡票

Q61

Diners can select from a broad range of ------- delights at Misty Restaurants, Inc.

(A) culinary
(B) primitive
(C) anonymous
(D) torrential

Q62

Local ------- predict light rain in the morning, clearing by noon to make way for sunny skies for the remainder of the day.

(A) physicians
(B) spectators
(C) prosecutors
(D) meteorologists

900点レベル

Q61 解答プロセス

STEP 1 Diners(食事客)が選べるものなので、a broad range of ------- delights は「幅広い料理」であるはず。

STEP 2 delights は「楽しみ」の意味しかないので、料理の意味を添えるには (A) culinary(料理の)で修飾する必要がある。

> culinary delights の組み合わせでよく使う。culinary skills で「料理の腕」。

訳 食事のお客様は、ミスティ・レストランツ社のおいしい料理の数々から選択することができます。

正解 (A)

頻出単語
- (A) **culinary** [kʌ́lənèri] 形 料理の
- (B) **primitive** [prímətiv] 形 原始の;太古の
- (C) **anonymous** [ənánəməs] 形 名前を伏せた
  an anonymous accuser(名前を伏せた告発者)
- (D) **torrential** [tɔːrénʃəl] 形 激しい;猛烈な　torrential rain(豪雨)

Q62 解答プロセス

STEP 1 Local -------(地元の~)がするのは predict light rain in the morning(午前中は小雨が降ると予測する)ことである。

STEP 2 カンマ以下も天気の状況。したがって主語は (D) meteorologists(気象予報士)でなければならない。

> weather forecaster も同意。meteorology は「気象学」。meteorologist には「気象学者」の意味もある。

訳 地元の気象予報士の予測によると、午前中は小雨が降り、正午には上がって今日はその後、晴天に恵まれるでしょう。

正解 (D)

頻出単語
- (A) **physician** [fizíʃən] 名 内科医
- (B) **spectator** [spéktèitər] 名 観衆;観客
- (C) **prosecutor** [prásikjùːtər] 名 検事;検察官
- (D) **meteorologist** [mìːtiərálədʒist] 名 気象予報士;気象学者

Q63

Xam Medical Research is working on cures for many ------- diseases, deploying sophisticated technologies and world-class scientists in this task.

(A) scattered
(B) contagious
(C) embarrassed
(D) sympathetic

Q64

Halan Resorts owns and operates several -------, including hotels in scenic mountain and beachfront areas.

(A) railings
(B) shades
(C) retreats
(D) siblings

900点レベル

Q63 解答プロセス

STEP 1 diseases は「病気」という意味。
STEP 2 これを修飾するのに適当な形容詞は (B) contagious（感染性の）しかない。

> 厳密には、contagious は「接触による感染性の」で、類義語の infectious は「空気や水による感染性の」という意味だが、普通は区別なく用いられることが多い。

訳 ザム・メディカルリサーチは多くの感染症の治療に注力しており、先端技術とこの仕事の世界レベルの科学者を提供している。

正解 (B)

頻出単語

- (A) **scattered** [skǽtərd] 形 広い範囲に散らばった
  scattered showers（ところによりにわか雨）
- (B) **contagious** [kəntéidʒəs] 形 接触感染性の；伝染性の
- (C) **embarrassed** [imbǽrəst] 形 恥ずかしい；当惑した
- (D) **sympathetic** [sìmpəθétik] 形 同情する；共感する

Q64 解答プロセス

STEP 1 Halan Resorts owns and operates several ------- から、リゾート会社が所有・運営するものが何かを考える。
STEP 2 カンマ以降から、それには hotels in scenic mountain and beachfront areas（風光明媚な山や海岸地域のホテル）も含まれている。(C) retreats は観光分野で使えば「保養所」の意味になるので、これが正解。

> retreat は自動詞として「後退する；ひきこもる」の意味で使う。

訳 ハラン・リゾーツは風光明媚な山や海岸地域のホテルを含むいくつかの保養施設を保有・運営している。

正解 (C)

頻出単語

- (A) **railing** [réiliŋ] 名 手すり；柵
- (B) **shade** [ʃéid] 名 日陰　in the shade（日陰で）
- (C) **retreat** [ritríːt] 名 休養する場所；保養所；退却
- (D) **sibling** [síbliŋ] 名 兄弟・姉妹

Q65

Izana Theater ------- are trained to guide patrons to their seats in a quiet and efficient manner.

(A) ushers
(B) sculptors
(C) ambassadors
(D) protagonists

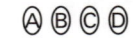

Q66

The Elansint Ballroom will be the location for a charity -------, with provincial officials, corporate leaders, and celebrities slated for attendance.

(A) gala
(B) poll
(C) era
(D) patio

900点レベル

Q65 解答プロセス

STEP 1 選択肢はすべて人。Izana Theater に関係する人で、are trained to guide patrons to their seats から「観客を座席に案内できるように訓練されている」。

STEP 2 (A) ushers は「案内係」なので、これが正解。

❗ usher は「案内する」という動詞としても使える。

訳 イザナ劇場の案内係は、観客を静かに効率的に座席に案内できるように訓練されている。

正解 (A)

頻出単語

- (A) **usher** [ʌ́ʃər] 名 （劇場などの）案内係
- (B) **sculptor** [skʌ́lptər] 名 彫刻家
- (C) **ambassador** [æmbǽsədər] 名 大使
- (D) **protagonist** [proutǽgənist] 名 主人公；主役

Q66 解答プロセス

STEP 1 the location for a charity ------- は「慈善の〜のための会場」という意味。

STEP 2 空所にはイベントに類する言葉が入ると推測できる。(A) gala は「（特別な）催し；祭典」の意味で、これが正解。

❗ gala は形容詞的にも使えて、gala concert で「特別公演；記念演奏会」。

訳 エランシント・ボールルームが、地元政府職員や企業経営者、有名人が出席を予定している慈善の催しの会場になる。

正解 (A)

頻出単語

- (A) **gala** [géilə | gɑ́ːlə] 名 （特別な）催し；祭典
- (B) **poll** [póul] 名 世論調査；意識調査；（選挙の）投票（所）
  online polls （インターネット世論調査）
- (C) **era** [íərə] 名 時代；年代
- (D) **patio** [pǽtiòu] 名 スペイン風中庭；パティオ

Q67

The Zawker Brick Co. employee picnic was cancelled as the weather became rainy, cold and otherwise -------.

(A) gloomy
(B) worried
(C) nauseous
(D) inclement

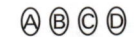

Q68

------- was installed above the Hashem Jewelry Shop windows, giving the store a classic and attractive appearance.

(A) Lane
(B) Pier
(C) Facade
(D) Awning

900点レベル

Q67 解答プロセス

STEP 1 as の節は天気（weather）の話で、became rainy, cold and otherwise ------- とあることから、rainy と cold と空所は並列の関係。rainy と cold が悪天候なので、空所も悪天候を表す形容詞と予測できる。

STEP 2 また、otherwise は「他の点でも」の意味で、空所の形容詞は悪天候を総称的に表す (D) inclement がぴったりである。

> TOEIC では、飛行機の遅れなど、予定変更の原因として登場することが多い。

訳 雨になり寒く、他の点でも天候は悪かったので、ゾウカー・ブリック社の社員ピクニックは中止になった。　　**正解 (D)**

頻出単語
- (A) **gloomy** [glúːmi] 形 憂うつな；陰気な
- (B) **worried** [wə́ːrid] 形 心配して；不安で
- (C) **nauseous** [nɔ́ːʃəs] 形 吐き気がする
- (D) **inclement** [inklémənt] 形 悪天候の；荒れ模様の

Q68 解答プロセス

STEP 1 ------- was installed above the Hashem Jewelry Shop windows から、空所は「店の窓の上に取り付けられた」ものである。

STEP 2 (D) Awning は「日よけ」の意味で、これが正解。Part 1 で使われる単語である。

> canopy は「（建物の入り口などの）天蓋」、marquee は「（ホテルの入り口などの上の）ひさし」。shade は広く「日よけ」の意味で、「サンバイザー」や、米国用法では「ブラインド」も指す。

訳 ハシェム宝飾店の窓の上には日よけが取り付けられ、店は古風で魅力的なたたずまいになった。　　**正解 (D)**

頻出単語
- (A) **lane** [léin] 名 車線；路地　a passing lane（追い越し車線）
- (B) **pier** [píər] 名 埠頭；桟橋
- (C) **facade** [fəsɑ́ːd] 名 （建物の）正面
- (D) **awning** [ɔ́ːniŋ] 名 （店の出入り口などにある）日よけ

Q69

Nionizk Tools, Inc., provides medical insurance to the ------- and children of its employees as a standard benefit.

(A) serials
(B) sources
(C) spouses
(D) strollers

Q70

The Claverview Jazz Club has a wonderful -------, with soft blue lighting and multicolored walls.

(A) ambience
(B) heritage
(C) hangover
(D) abridgment

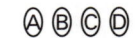

900点レベル

Q69 解答プロセス

STEP 1 the ------- and children of its employees から、空所は「社員の子供」と並列される社員の何かである。

STEP 2 Nionizk Tools, Inc., provides medical insurance to から、会社が医療保険を提供する対象でもある。(C) spouses（配偶者）が正解。

> 「扶養家族」は dependent（英国用法では dependant）という。

訳 ニオニズク・ツールズ社は標準の福利厚生として、社員の配偶者と子供に医療保険を提供する。

正解 (C)

頻出単語

- (A) **serial** [síəriəl] 名 連続物；連載 形 連続的な
- (B) **source** [sɔ́ːrs] 名 もと；（通例、複数）情報源
- (C) **spouse** [spáus] 名 配偶者
- (D) **stroller** [stróulər] 名 （折りたたみ式の）乳母車

Q70 解答プロセス

STEP 1 The Claverview Jazz Club has a wonderful ------- から、ジャズクラブがもっているすばらしい何かを想像する。

STEP 2 カンマ以下から、それは soft blue lighting and multicolored walls（柔らかな青い照明と多色模様の壁面）によってかもし出されるものである。(A) ambience（雰囲気）が正解。

> ambience はその場所の雰囲気のことを表し、atmosphere や mood が類義語。

訳 クレイヴァービュー・ジャズクラブは、柔らかな青い照明と多色模様の壁面によりすばらしい雰囲気をかもし出している。

正解 (A)

頻出単語

- (A) **ambience** [ǽmbiəns] 名 雰囲気；環境
- (B) **heritage** [héritidʒ] 名 （文化的な）遺産　world heritage（世界遺産）
- (C) **hangover** [hǽŋòuvər] 名 二日酔い
- (D) **abridgment** [əbrídʒmənt] 名 要約；抜粋

Q71

Director Taylor Herd chaired the meeting and asked that all attendees ------- the agreed-upon agenda.

(A) run into
(B) adhere to
(C) account for
(D) move over

Ⓐ Ⓑ Ⓒ Ⓓ

Q72

Toby Harris will ------- his coworker, Svetlana Janacek, while she is out sick.

(A) fill in for
(B) drop in on
(C) give way to
(D) catch up with

Ⓐ Ⓑ Ⓒ Ⓓ

900点レベル

Q71 解答プロセス

STEP 1 the agreed-upon agenda は「合意された議題」で、それに all attendees（出席者全員）がどうしなければならないのか。

STEP 2 (B) adhere to（〜に従う）を選ぶと「合意された議題に沿うように求めた」となり、文意が通る。なお、「要求」の動詞が使われた that 節は仮定法現在で動詞は原形で使うため、adhere となっている。

> adhere to は a rule（規則）、a schedule（予定）、religion（宗教）などを目的語にとる。

訳 テイラー・ハード取締役が会議を取り仕切り、出席者に全員が合意された議題に沿うようにと求めた。

正解 (B)

頻出熟語

- (A) **run into** 〜に偶然出会う；〜に突入する
- (B) **adhere to** 〜に従う；〜に固執する
- (C) **account for** 〜を説明する；〜の割合を占める
- (D) **move over** （席などを）詰める；（場所・地位を）譲る

Q72 解答プロセス

STEP 1 ------- his coworker, Svetlana Janacek は「同僚のスヴェトラーナ・ヤナチェクの〜をする」。

STEP 2 そのスヴェトラーナは病気休養中（while she is out sick）なので、彼女の仕事を代わってすることが予測できる。(A) fill in for は「〜の代理を務める」の意味なので、これが正解。

> fill in で「（欠席者などの）代理になる」で、代理の対象を for で導く。

訳 トビー・ハリスは、病気で休んでいる同僚のスヴェトラーナ・ヤナチェクの代わりをすることになる。

正解 (A)

頻出熟語

- (A) **fill in for** 〜の代理［代役］を務める
- (B) **drop in on** 〜に立ち寄る
- (C) **give way to** 〜に道を譲る；〜に取って代わられる
- (D) **catch up with** 〜に追いつく；〜と旧交を温める

Q73

Instead of using off-the-shelf concepts, Framer Architects always designs structures -------.

(A) as is
(B) either way
(C) in brief
(D) from scratch

Q74

Uazni Ironworks disposes of all waste ------- both industry and government regulations.

(A) in honor of
(B) in place of
(C) in search of
(D) in accordance with

900点レベル

Q73 解答プロセス

STEP 1 off-the-shelf concepts とは「お仕着せの（既存の）コンセプト」の意味。

STEP 2 文脈は「お仕着せのコンセプトではなく、構造を〜設計する」なので、(D) from scratch（ゼロから）が最適である。

> scratch は「ひっかき傷」の意味があるが、子供がかけっこのために地面に棒などで引く「スタートライン」も表す。このスタートラインが from scratch の語源。

訳 フレイマー・アーキテクツはお仕着せのコンセプトを利用するのではなく、いつも何もないところから構造を設計する。

正解 (D)

頻出熟語
- (A) **as is** 現況のままで
- (B) **either way** どちらにしても；いずれにしても
- (C) **in brief** 要するに；簡潔に
- (D) **from scratch** ゼロから；初めから

Q74 解答プロセス

STEP 1 空所の後は both industry and government regulations と「規則」が続いている。

STEP 2 この規則と disposes of all waste（すべての廃棄物を処理する）との関係を考えると、「規則に従ってすべての廃棄物を処理する」となることが推測できる。(D) in accordance with（［規則などに］従って）が正解。

> in line with や pursuant to などが似通った意味のイディオム。

訳 ユアズニ鉄工は、業界と政府の双方の規則に従って、すべての廃棄物を処理する。

正解 (D)

頻出熟語
- (A) **in honor of** 〜に敬意を表して；〜を祝して
- (B) **in place of** 〜の代わりに
- (C) **in search of** 〜を求めて；〜を探して
- (D) **in accordance with** （規則などに）従って；（状況などに）合わせて

Q75

Hundreds of thousands of viewers go to www.hotzeronews.com to ------- breaking events worldwide.

(A) lay aside
(B) give in to
(C) mark down
(D) keep abreast of

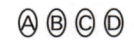

Q76

The success of the video game *Space-G Explorer* ------- for its successor, *Space-G Explorer 2*.

(A) tapered off
(B) paved the way
(C) ironed out
(D) passed away

900点レベル

Q75 解答プロセス

STEP 1 www.hotzeronews.com は news が入っていることからニュースサイトである。

STEP 2 breaking events worldwide（世界中で起こる突発的な出来事）をどうするために、このニュースサイトにアクセスするかを考えると、(D) keep abreast of（遅れずについていく）ためであると考えられる。

> abreast は副詞で「横に並んで；並行して」の意味。keep のほかに動詞は stay や be も使える。

訳 世界中で起こる突発的な出来事についていけるように、何十万ものビューアーが www.hotzeronews.com にアクセスする。　　**正解 (D)**

頻出熟語
- ☐ (A) **lay aside** 　～を棚上げする；～を蓄える
- ☐ (B) **give in to** 　～に屈服する；～に譲歩する
- ☐ (C) **mark down** 　～を値下げする
- ☐ (D) **keep abreast of** 　～に遅れずについていく；(最新情報などに) 通じている

Q76 解答プロセス

STEP 1 *Space-G Explorer* というビデオゲームの成功（success）と、*Space-G Explorer 2* という続編（its successor）の関係を考えると、前者のおかげで後者につながったという関係。

STEP 2 pave the way for で「～に道を開く」という意味になるので、(B) を選ぶと文意が通じる。動詞の pave は「舗装する」の意味。

> blaze a trail（道を開く）という表現も覚えておこう。blaze が「開拓する」、trail が「山中などの道」。blaze a trail in で「～の先駆者となる」。

訳 ビデオゲームの『スペース G エクスプローラー』が成功したおかげで、続編の『スペース G エクスプローラー 2』がリリースできた。　　**正解 (B)**

頻出熟語
- ☐ (A) **taper off** 　先細りになる；(雨などが) あがる
- ☐ (B) **pave the way for** 　～への道を開く；～の下地をつくる
- ☐ (C) **iron out** 　～を解決する；～の障害を取り除く
- ☐ (D) **pass away** 　逝去する；廃れる；(時が) 過ぎ去る

Q77

As an intern, Roger Drake does numerous office tasks, such as ------- for the regular staff.

(A) getting along
(B) running errands
(C) making a difference
(D) calling it a day

Q78

With rapidly decreasing market share and revenues, it ------- CEO Quincy Black to turn the company around.

(A) had nothing to do with
(B) cashed in on
(C) boiled down to
(D) corresponded to

900点レベル

Q77 解答プロセス

STEP 1 ------- for the regular staff は「正社員のために〜する」。
STEP 2 主語の Roger Drake は intern（インターン）の立場なので、正社員のために、(C) running errands（お使いに行くこと）が正解である。

> errand(s) は「使いの用件；使い走り」の意味。動詞は run のほかに do、go on を使う。

訳 ロジャー・ドレイクはインターンとして、正社員のためのお使いなど、たくさんのオフィス業務をこなす。

正解 (B)

頻出熟語

- (A) **get along** 仲良くする；うまく進行する
- (B) **run errands** 使いに行く
- (C) **make a difference** 影響を及ぼす；違いをもたらす
- (D) **call it a day** 一日の仕事を切り上げる

Q78 解答プロセス

STEP 1 主文の it は to turn the company around（会社を再生させること）を指している。「会社を再生させること」と CEO の Quincy Black がどんな関係かを考える。
STEP 2 (C) boiled down to（つまるところ〜だった）を選べば「会社再生はつまるところクインシー・ブラックCEOにかかっていた」となり、文意が通る。

> boil は「煮る」で、boil down to は「煮詰まって〜の状態になる」が原意。

訳 市場占有率と収入が急速に落ち込んでいるなかで、会社を再生させることはつまるところクインシー・ブラック CEO にかかっていた。

正解 (C)

頻出熟語

- (A) **have nothing to do with** 〜と関係がない
- (B) **cash in on** 〜から利益を得る；〜につけ込む
- (C) **boil down to** 要するに〜となる；〜に帰着する
- (D) **correspond to** 〜に一致する；〜に相当する

Q79

CEO Crystal Johnson ------- her keynote speech by noting the many advances being made in oil exploration.

(A) drew up
(B) hung up
(C) showed up
(D) wrapped up

Ⓐ Ⓑ Ⓒ Ⓓ

Q80

Chief Technology Officer Elise Toomey ------- implementing a companywide IT upgrade.

(A) relied on
(B) zeroed in on
(C) pulled through
(D) made up for

Ⓐ Ⓑ Ⓒ Ⓓ

900点レベル

Q79 解答プロセス

STEP 1 keynote speech は「基調講演」の意味。

STEP 2 「石油採掘において多くの進歩があることを指摘することによって基調講演を〜」という文脈から、(D) wrapped up（終えた）がぴったりあてはまる。

> 名詞で wrap-up とすれば「要約；締めくくり」の意味。a wrap-up meeting（総括会議）

訳 クリスタル・ジョンソン CEO は、石油採掘において多くの進歩があることを指摘して、彼女の基調演説を締めくくった。

正解 (D)

頻出熟語

- (A) **draw up** 〜を立案する；〜を作成する
- (B) **hang up** 〜を中断する；（電話を）切る
- (C) **show up** 現れる
- (D) **wrap up** （仕事・会議などを）終える；厚着をする

Q80 解答プロセス

STEP 1 implementing a companywide IT upgrade は「全社的な IT の刷新を実行すること」で、Chief Technology Officer（最高技術責任者）がそれをどうしたのかを考える。

STEP 2 (B) の zero in on には「注意を集中する」の意味があり、「全社的な IT 刷新の実行に傾注した」となり、文意が通る。

> zero を動詞で使うと「銃の照準を合わせる」の意味がある。zero in on a target で「目標に狙いを定める」。

訳 最高技術責任者のエリース・トーミーは全社的な IT の刷新に専念した。

正解 (B)

頻出熟語

- (A) **rely on** 〜に頼る；〜を当てにする
- (B) **zero in on** 〜に照準を合わせる；〜に専念する
- (C) **pull through** 快復する；（危機などを）切り抜ける
- (D) **make up for** 〜を埋め合わせる

TOEIC 英単語のヒント③
ビジネス語・生活語はまとめて覚える

　ビジネスや生活で使う単語・表現は、そのジャンルや場面でまとめて覚えるのが効果的です。覚えやすいし、忘れにくくなります。連想が働くので、思い出すのも楽です。「人事」「オフィス」「広告」「販売」「会議」「風景」など、TOEICに出そうなグループで覚えるといいでしょう。

（人事）自分が人事部で働いているイメージで

human resources（人事部；人材）
hire（採用する）　　　　　　fire（解雇する）
employer（雇用主）　　　　　employee（従業員）
evaluation（評価）　　　　　raise（昇給）
promotion（昇格）　　　　　 transfer（人事異動）

（会議）自分が会議に参加しているイメージで

moderator（司会）　　　　　attendee（出席者）
agenda（議題）　　　　　　 handout（配付資料）
proposal（提案）　　　　　　update（現状報告）
objection（反対）　　　　　 consensus（合意）
minutes（議事録）　　　　　 outcome（結論；成果）

（風景）Part 1の写真問題をイメージして

pedestrian（歩行者）　　　　overpass（陸橋）
slope（坂）　　　　　　　　sign（標識）
stall（露店；露台）　　　　　vendor（露天商；売り子）
pier（埠頭；桟橋）　　　　　reflection（反映）
railing（手すり）　　　　　　canopy（張り出し屋根；天蓋）

巻末さくいん

本書の問題に取り上げたすべての選択肢の単語のさくいんです。各問題の見開き右ページにある「頻出単語リスト」のページを表示しています。復習に利用してください。

A

- above all ... 165
- abridgment ... 245
- absolutely ... 37
- absorb ... 183
- abundant ... 121
- accept ... 19
- acclaimed ... 201
- accommodate ... 105
- accommodation ... 151
- according to ... 83
- account ... 49
- account for ... 247
- accumulate ... 181
- accurate ... 27
- accuse ... 23
- achieve ... 17
- acknowledgment ... 213
- acting ... 193
- actually ... 33
- acute ... 121
- adaptable ... 203
- address ... 97
- adhere to ... 247
- adjacent ... 123
- adjust ... 17
- admire ... 15
- admission ... 57
- adopt ... 19
- advantage ... 55
- advertising ... 61
- affair ... 77
- affect ... 23
- affluent ... 35
- afford ... 13
- affordable ... 115
- agenda ... 69
- agile ... 231
- aid ... 131
- allegedly ... 205
- alleviate ... 187
- alliance ... 221
- allot ... 101
- allure ... 127
- alteration ... 225
- alternate ... 101
- alternative ... 41
- ambassador ... 241
- ambience ... 245
- ambiguous ... 199
- ambitious ... 111
- ambulance ... 81
- amend ... 101
- amenity ... 151
- amount ... 55
- anniversary ... 49
- annuity ... 221
- anonymous ... 237
- anticipate ... 105
- anxious ... 109

apart from	83
apparel	77
apparent	29
appetite	133
appetizer	75
appliance	77
apply	21
appreciate	19
apprentice	225
appropriate	29
approve	99
approximately	39
aptitude	221
ardent	109
arrangement	53
article	81
artificial	121
as for	83
as is	249
as of	165
ask a favor of	85
assert	181
assess	23
assign	19
assignment	43
associate	51
assume	177
assure	27
at the cost of	91
athlete	81
atmosphere	139
attach	229
attain	105
attempt	55
attentively	193
attire	163
attitude	125
attorney	159
attraction	55
attribute	187
audit	221
auditorium	155
authority	131
available	33
avoid	23
awning	243

B

balance	67
banquet	151
be anxious to do	169
be fed up with	89
be particular about	89
be poised to do	169
be supposed to do	85
because of	83
behavior	127
benchmark	231
benefit	43
beverage	73
bias	209
bidding	69
bin	215
bite	73
block	161
board	145
boil down to	253

borrow	25
breakthrough	231
browse	183
budget	65
bulk	219
bundle	181
burden	211
bush	163
bustling	203
buzzword	221
by chance	165
by means of	87

C

call for	171
call it a day	253
candidate	61
care for	165
carpool	145
carry over	165
cash in on	253
catch up with	247
cause	13
celebrate	27
ceremony	145
certainly	111
certificate	135
charge	23
checkup	81
choice	47
chore	73
circumstance	53
claim	59
clarify	25
classify	181
clerical	201
clue	215
coherent	231
collaborate	107
colleague	65
come across	165
come up with	87
comfortable	195
commute	145
company	129
comparison	135
compel	179
compensate for	167
competent	109
competitive	33
completely	39
complicated	115
compliment	207
complimentary	195
comply with	165
component	135
comprise	191
compromise	63
concern	49
concise	123
conclude	21
condolence	145
conduct	95
confidential	121
confiscate	187
conform	189
connection	135

259

consecutive	141
consent	13
conservative	37
conserve	229
considerate	141
consist of	85
consistent	121
consolidation	225
constitute	105
consult	15
consult with	87
contagious	239
contemporary	109
contingency	213
contract	139
contrary to	89
controversy	207
convene	229
convert	179
coordinate	101
cope with	167
cordial	117
correspond to	253
count on	171
courier	139
courteous	117
coverage	147
cozy	115
crate	227
criterion	223
critical	29
cubicle	233
cuisine	75
culinary	237
culminate	189
currency	67
current	35
currently	195
custom	129
cutting-edge	205

D

dairy	75
damage	57
decent	35
decline	23
dedicated	149
deduct	183
deduction	147
defeat	103
defer	109
deficit	131
degree	79
deliberate	35
delight	43
delighted	39
demolish	185
demonstrate	107
departure	63
deposit	143
describe	99
description	153
deserve	99
designate	27
destination	153
detect	185
deteriorate	187

device	133	earning	65
diagnosis	81	ecology	69
dialect	211	edition	69
differentiation	153	effect	47
dignity	209	either way	249
disclaimer	235	element	131
disclose	229	embarrassed	239
discreet	113	emblem	209
discretion	217	embrace	105
discuss	15	emerge	183
dish	73	employer	61
display	99	enact	189
disruption	153	enclose	95
district	79	encourage	95
disturb	23	endeavor	55
diverse	121	endorse	179
dividend	147	enormous	119
do away with	167	enroll	13
domestic	29	ensure	21
donate	19	enterprise	57
dose	163	enthusiasm	215
draft	141	entire	27
draw up	255	entity	227
drive	131	entrée	155
drop in on	247	envision	189
due	31	equity	233
due to	83	equivalent	41
durable	201	era	241
duration	153	essential	201
duty	49	estimate	25
duty-free	149	evacuate	187
		evaluation	67
E		eventually	39
earn	177		

261

every other	171	feasible	123
evolution	137	feature	45
exact	31	feedback	129
exceed	95	feel free to do	85
excerpt	157	figure out	167
excess	219	file	19
exclusively	113	fill in	87
excursion	157	fill in for	247
executive	61	firm	59
exempt	195	flashlight	157
expand	17	flatter	177
expansion	47	flavor	137
expedite	185	flaw	217
expedition	133	flexible	39
expenditure	67	florist	159
expense	65	fluctuate	191
expertise	63	for the sake of	91
expire	17	former	149
exponentially	205	fortune	57
expose	185	found	101
extensive	197	fraction	209
extremely	33	fragile	193
		frame	219

F

facade	243	free of	83
facilitate	181	friction	211
faculty	79	from scratch	249
far from	87	fulfill	101
fare	163	fun	53
fascinate	99	furniture	69

G

fast-moving	149	gala	241
fasten	103	garment	73
fatigue	127	gem	163
favorite	27		

262

generate	187
generous	31
genuine	117
get along	253
give in to	251
give way to	247
glitch	223
gloomy	243
glut	233
go without	167
gratitude	145
ground	207
guarantee	79
gust	163

H

habit	45
hand in	167
handout	71
hang up	255
hangover	245
hardly	33
have nothing to do with	253
have yet to do	169
hazardous	197
headset	63
heritage	245
hesitate	103
high-profile	205
hire	109
honor	55
hospitality	137
hospitalization	161
hostile	203
humble	117

I

illustrate	107
immediately	33
immense	199
imminent	33
immune	115
impact	55
impeccably	205
imply	107
impose	177
impulse	209
in accordance with	249
in brief	249
in case of	89
in charge of	89
in honor of	249
in line with	89
in place of	249
in search of	249
in spite of	91
in terms of	89
inception	221
inclement	243
inconvenience	137
increase	19
incur	177
indifferent	41
indispensable	203
individual	33
individually	195
industry	65
inevitable	115

inferior	123
influence	45
inherit	183
initiative	133
innovation	69
input	127
inquire	19
inquiry	141
insight	227
insist	13
inspect	25
installment	147
instead of	91
instinct	133
institute	187
institution	53
instruct	107
instrument	155
integrate	185
integrity	127
intensive	113
interact	181
interrupt	229
interview	71
intuition	215
inventory	67
invitation	151
iron out	251
irrational	199
irrevocable	203
issue	109

J
jeopardize	191

K
keep ~ in mind	169
keep abreast of	251

L
ladder	75
landlord	63
landmark	235
lane	243
launch	97
lay aside	251
lazy	35
leaflet	71
legacy	217
legislation	155
legitimate	119
leisure	139
let alone	171
let down	173
leverage	215
liability	233
liable	111
likely	29
literally	113
literature	213
load	227
locate	101
logistics	61
look forward to	87
look up	85
look up to	173
loyalty	45
lucrative	113
luxurious	31

M

maintenance	69
major	71
majority	127
make a difference	253
make up for	255
malfunction	213
manage to do	85
mandatory	119
manipulation	225
manual	141
manuscript	157
margin	207
mark down	251
mass	219
masterpiece	157
material	143
matter	21
mature	35
means	43
measure	47
medication	161
memorandum	235
mention	27
mercy	211
merge	107
messy	193
meteorologist	237
mishap	211
misplace	191
miss	103
mission	43
modify	107
momentum	221
monotonous	199
mortgage	139
motive	51
move over	247
multinational	149
municipal	201
mutual	37

N

nauseous	243
neglect	17
next to	91
niche	227
nominal	121
nothing but	87
notify	21
notorious	119
now that	165
numerous	123

O

obey	103
objection	51
objective	125
obligation	147
obscure	201
observe	99
obsolete	119
obstacle	133
obtain	105
occasion	151
occur	97
old-fashioned	205
on behalf of	91

operation	45	pay off	167
opportunity	47	paycheck	125
opposite	29	payroll	67
opposition	125	pedestrian	159
optimum	231	peer	223
option	53	penetrate	105
ordeal	209	pension	65
orderly	201	perform	95
organization	55	performance	155
outcome	125	periodical	157
outfit	217	perk	223
outlay	227	permanent	115
outlet	73	permit	13
outline	229	persist	183
outlook	47	personnel	61
ovation	151	perspective	223
overnight	195	pertain	189
overpass	155	pharmaceutical	149
oversight	127	phase	207
overview	151	phase out	173
overwhelming	199	phenomenon	215
owe	21	physician	237
owing to	83	pier	243

P

pan	73	pill	77
pass away	251	pity	211
passenger	63	plant	59
pastime	81	podium	233
patent	143	policy	223
patient	119	poll	241
patio	241	portion	129
patronage	137	position	47
pave the way for	251	possess	25
		possible	27

possibly	193	promising	117
postpone	103	promote	97
potential	35	proper	37
preceding	119	property	71
predicament	221	proponent	213
predict	13	proposal	45
preliminary	199	prosecutor	237
premise	215	prospect	49
preoccupation	207	prosperity	147
prescribe	185	protagonist	241
prescription	161	prototype	235
presentation	153	prove	21
preserve	25	prove to be	169
preside	189	provide	15
president	61	province	77
prestigious	199	provision	231
presumably	205	provoke	109
preview	81	pull over	173
previously	113	pull through	255
primary	111	purpose	45
primitive	237	purse	163
principle	49	pursue	177
prior to	171	put up with	173

Q

pristine	201	qualified	39
privilege	125	quarterly	111
probe	219	quest	209
procedure	51	quit	97
proceed	103	quote	71

R

proceeding	53		
procure	229	rack	161
profession	43	railing	239
profit	59	raise	65
prohibit	17		

rarely	37	reminder	135
realize	17	remote	123
reasonable	31	remuneration	147
rebate	227	renovate	143
receipt	141	repair	77
receptacle	213	repertoire	155
reception	69	replace	17
reciprocate	235	report to	171
recognize	99	represent	105
recommendation	157	representative	45
recover	25	require	15
recruit	63	requisition	213
redundant	203	reschedule	143
reference	223	reshuffle	143
reflect	181	resident	43
refreshment	151	resolve	25
refund	143	resource	47
refurbish	101	respectively	111
regardless of	171	response	49
regional	195	restore	183
register	95	restrict	185
regrettably	113	result	131
regulation	135	resume	15
reimburse	179	retain	177
reiterate	235	retreat	239
relationship	137	retrench	235
reliable	41	retrieve	235
relocation	225	return	57
reluctant	41	revenge	135
rely on	255	review	131
remark	129	revise	13
remarkable	31	revoke	179
remedy	135	revolutionary	149

reward	57
rigid	121
role	51
roomy	197
routine	211
row	75
rumor	127
run errands	253
run into	247
run short of	167

S

sacrifice	217
sales	61
salutation	153
savor	77
scarce	197
scattered	239
scholarship	79
scope	129
scrutiny	137
sculptor	241
seal	179
search	15
sector	59
secure	29
segment	233
sensitive	111
separately	193
serial	245
session	125
settle	177
shade	239
share	139

ship	103
shortlist	233
show up	255
sibling	239
sidewalk	155
sign up for	173
signature	71
similar	41
simultaneously	37
site	217
situation	51
skyline	161
slightly	37
sole	193
solution	133
source	245
spacious	123
specific	37
specification	231
spectator	237
splendid	117
spouse	245
spread	97
stack	97
stake	209
state	79
statement	65
stationery	143
stature	159
status	131
steady	29
stimulate	107
stitch	159

story	161
strategy	59
stress	181
strict	197
stringent	197
stroller	245
structure	53
struggle	217
stunningly	193
subdivision	225
subject	43
submit	15
subscribe	99
subscription	157
subsequently	195
subsidiary	233
substantial	113
substitute	133
successive	41
suffer from	85
sufficient	31
superficial	117
supply	73
support	129
surgeon	159
surround	185
survey	71
sustainable	197
symbol	219
sympathetic	239
symptom	81
synergy	225
system	79

T

tailor	189
take ~ for granted	169
take ~ into account	169
take ~ seriously	169
take advantage of	173
take over	171
takeover	57
tap	189
taper off	251
tedious	191
temporary	149
tenant	59
tendency	49
tentative	141
tenure	223
term	215
terminate	145
terrific	123
terse	191
textile	163
texture	75
thanks to	83
that is to say	91
theme	51
thoroughly	111
thrive	183
tidy	191
tiny	191
tip	217
token	211
tolerate	187
toll-free	205

torrential	237	**V**	
track	207	vacancy	67
transaction	153	vacant	41
transfer	67	vaccination	161
transition	207	vague	115
transmit	179	valid	115
treat	79	varied	203
trend	51	vendor	63
tribute	137	venue	219
tuition	159	versatile	197
tune	75	viable	119
turn down	173	vicinity	139
turnout	213	vision	129
tutor	159	vocation	53
typical	35	volatility	225
U		voyage	57
ubiquitous	231	vulnerable	203
ultimate	141	**W**	
unanimous	117	waive	179
undergo	95	warning	125
unfortunately	39	warranty	77
unit	59	when it comes to	89
unleash	229	willingness	145
unprecedented	199	windfall	227
unveil	95	with regard to	91
up to	87	withdraw	23
upcoming	39	withdrawal	147
update	97	wonder	21
urgent	31	worried	243
used to do	85	wrap up	255
usher	241	**Z**	
utensil	75	zeal	219
utility	139	zero in on	255

271

●著者紹介

成重　寿　Narishige Hisashi

三重県出身。一橋大学社会学部卒。英語教育出版社、海外勤務の経験を生かして、TOEICを中心に幅広く執筆・編集活動を行っている。主要著書：『TOEIC® TEST英単語スピードマスター NEW EDITION』、『TOEIC® TEST英熟語スピードマスター』、『TOEIC® TEST英文法スピードマスター』、『TOEIC® TESTリーディングスピードマスター Ver.2』、『はじめて受けるTOEIC® TEST総合スピードマスター』、『大切なことはすべて中学英語が教えてくれる　英単語編』(以上、Jリサーチ出版)など。TOEIC® TEST 990点満点。

問題作成	Craig Brantley（CPI）
カバーデザイン	土岐晋二
本文デザイン／DTP	江口うり子（アレピエ）
校正協力	深瀬正子
ダウンロード音声制作	一般財団法人英語教育協議会（ELEC）
ナレーター	Jack Merluzzi
	Helen Morrison
	横田砂選

TOEIC® TEST 英単語・熟語 TARGET 900

平成26年（2014年）6月10日　　初版第1刷発行
平成28年（2016年）10月10日　　　　　第3刷発行

著　者	成重　寿
発行人	福田富与
発行所	有限会社　Jリサーチ出版
	〒166-0002　東京都杉並区高円寺北2-29-14-705
	電話 03(6808)8801(代)　FAX 03(5364)5310
	編集部 03(6808)8806
	http://www.jresearch.co.jp
印刷所	㈱シナノ パブリッシング プレス

ISBN978-4-86392-191-7　　禁無断転載。なお、乱丁・落丁はお取り替えいたします。
© 2014 Hisashi Narishige, All rights reserved.